Arthur Schnitzer

Schnecken

3. Auflage

© 2017 by Löwenzahn in der Studienverlag Ges.m.b.H.,
Erlerstraße 10, A-6020 Innsbruck
E-Mail: loewenzahn@studienverlag.at
Internet: www.loewenzahn.at

Umschlag- und Buchgestaltung sowie grafische Umsetzung:
www.s-stern.com, Saskia Beck
Fotografien:
Arthur Schnitzer
Illustrationen:
www.s-stern.com, Saskia Beck
S. 47: Arthur Schnitzer

Gedruckt auf umweltfreundlichem, chlor- und säurefrei gebleichtem Papier.
Bibliografische Information Der Deutschen Bibliothek

Die Deutsche Bibliothek verzeichnet diese Publikation in der Deutschen Nationalbibliografie;
detaillierte bibliografische Daten sind im Internet über <http://dnb.ddb.de> abrufbar.

ISBN 978-3-7066-2631-6

Alle Rechte vorbehalten. Kein Teil des Werkes darf in irgendeiner Form (Druck, Fotokopie, Mikrofilm oder in einem anderen Verfahren) ohne schriftliche Genehmigung des Verlages reproduziert oder unter Verwendung elektronischer Systeme verarbeitet, vervielfältigt oder verbreitet werden.

Arthur Schnitzer

Schnecken
Über 100 Tipps für den Biogarten

Inhalt

Vorwort	9
Schnecken und ihre Lebensweise	10
Allgemein	10
Fortpflanzung	10
Umwelteinflüsse	10
Fortbewegung	11
Nahrungsaufnahme und Verdauung	11
Atmung	12
Überlebensstrategien der Schnecken	12
Feinde	13
Wichtige Schneckenfamilien	13
Familie Wegschnecken	14
Familie Egel- und Kielnacktschnecken	20
Familie Schnirkelschnecken	25
Schadwirkung bei Kulturpflanzen und Erntegut	28
Pflanzen, die durch Schnecken stark gefährdet sind	32
Pflanzen, die von Schnecken eher gemieden werden	36
Der richtige Zugang zu einer zielführenden Schneckenregulierung	40
Die drei großen Fehler von Schneckengeplagten	40
Regenwürmer und Mischkultur als Gegenspieler zu Schnecken	43
Möglichkeiten zur erfolgreichen Regulierung von Nacktschnecken	46
Entwicklungs- und Regulierungsplan für die Gemeine Wegschnecke	47

Inhaltsübersicht

Schneckenregulierung im Hausgartenbereich	48
Allgemein	48
Bodenpflege	49
Kompost	49
Mulchen	50
Saatbeetvorbereitung und Aussaat	51
Schutz der Anzucht und Setzlinge	51
Gründüngung	52
Bewässerung	52
Allgemeine Maßnahmen zur Schneckenregulierung	54
Wanderschranken	54
Hochbeete	59
Anlocken und fangen	60
Was macht man mit den gesammelten Schnecken?	64
Abwehrmittel	65
Energetische Methoden	74
Natürliche Gegenspieler	77
Schnecken im Herbst und Winter stoppen	83
Schneckenregulierung auf Großflächen	85
Besonders schneckengefährdete Kulturen	85
Ackerbau	86
Anlegen von Schutzstreifen	88
Ackerbauliche Maßnahmen auf schneckengefährdeten Flächen	89
Raps	92
Getreide	93

Zwischenfrüchte	94
Zuckerrüben, Mais, Sonnenblumen, Kartoffeln	95
Gemüsebau (im Freiland und unter Folien)	96
Obst- und Weingärten	101
Grünflächen	103
Parkflächen	103
Ökoflächen	105
Unbewirtschaftete Flächen	108
Allgemeine Hinweise zu verschiedenen Hilfsmitteln	109
Kalkdünger	109
Kupfersulfat (früher Vitriol)	110
Chemische Bekämpfungsmöglichkeiten	111
Eisen-III-Phosphat-Produkte	112
Anwendung von Köderpräparaten	114
Schneckenjagd mit dem Roboter	115
Kuriositäten und Erwähnenswertes	115
Anhang	118
Schlusswort	118
Literaturnachweis	119
Register	122
Nachwort	127

Inhaltsübersicht

Es versteht sich von selbst, dass sich dieses Buch an alle interessierten Gärnterinnen, Gärtner, Landwirtinnen und Landwirte richtet. Aus Gründen der besseren Lesbarkeit wird deshalb auf die gleichzeitige Verwendung männlicher und weiblicher Sprachformen verzichtet.

Alle Angaben in diesem Buch sind sorgfältig geprüft bzw. zusammengetragen und geben den neuesten Wissensstand bei der Veröffentlichung wieder.

Vor dem Einsatz von zugekauften Mitteln sind die Gebrauchsanweisungen durchzulesen. Der Verfasser übernimmt weder eine juristische Verantwortung noch sonst irgendeine Haftung.

Vorwort

Seit vielen Jahren häufen sich Meldungen und Berichte über die Zunahme von Schneckenschäden in gartenbaulichen und landwirtschaftlichen Kulturen. Das vorliegende Buch zeigt die Ursachen und Bekämpfungsmöglichkeiten im Hausgarten, aber auch in der Landwirtschaft auf. Schnecken stellen, wie alle anderen Lebewesen auch, spezifische Anforderungen an ihren Lebensraum. Je besser die Lebensbedingungen einer Art erfüllt werden, desto besser kann sie sich vermehren und ausbreiten. Bei allem Ärger, den uns Schnecken bereiten können, sollten wir nicht vergessen, dass die Schnecken einen wichtigen Stellenwert für das biologische Gleichgewicht haben.

Haben die Schnecken ihren Ruf als Bösewichte überhaupt verdient? Sowohl Gehäuse- als auch Nacktschnecken erfüllen wichtige Aufgaben im Naturkreislauf: Sie räumen auf. Dabei werden abgestorbene Pflanzenteile, tote Tiere, Pilze und morsches Holz durch ihre Raspelzungen zerkleinert und verdaut. Schnecken sind somit wichtige Abfallverwerter.

Da die Schnecken Zwitter sind, kommt es für sie bei günstigen Verhältnissen zu starker Massenvermehrung. In Mittel- und Westeuropa schädigen überwiegend Vertreter der Nacktschnecken die Gärten und landwirtschaftlichen Kulturen. Da diesen das schützende Gehäuse fehlt, ist ihre Aktivität von der sie umgebenden Feuchtigkeit abhängig. Langanhaltende Feuchtperioden begünstigen somit das Schneckenaufkommen. Milde und regenreiche Winter, wie wir sie in der Vergangenheit wiederholt erlebt haben, können Nacktschneckenpopulationen bzw. deren Ruhestadien ohne größere Einbrüche überstehen und sich in der nächsten Vegetationsperiode wieder schnell vermehren.

Dies setzt voraus, dass schonende Maßnahmen wie z. B. richtige Bodenpflege und Kulturführung zu berücksichtigen sind. Nur in extremen Fällen sollte der Griff zur Giftkeule gewählt werden.

Eine notwendige Schneckenregulierung muss daher immer im Einklang mit der Natur stehen. Das vorliegende Buch soll die Erfahrungen aus der Praxis und die wissenschaftlichen Erkenntnisse über Schnecken bündeln und sowohl für den Klein-/Profigärtner als auch für den Landwirt ein fundierter Begleiter sein.

Arthur Schnitzer

Schnecken und ihre Lebensweise

Allgemein

Die Schnecken gehören, wie auch die Muscheln, zu den Weichtieren. Ihr Lebensraum ist das Wasser, das Festland oder beides. Die ursprünglichen Arten waren Meeresbewohner. Im Laufe der Evolution und der „Eroberung des Festlandes" kam es zu einer Umwandlung von der Kiemen- zur Lungenatmung. Es gibt ca. 103.000 verschiedene Schneckenarten. Die Landschnecken sind eine relativ kleine Gruppe. Für Nord- und Mitteleuropa wurden bisher ca. 400 Arten nachgewiesen.

Einige Arten können sich in ihr Schneckengehäuse zurückziehen, doch die Nacktschnecken sind der Trockenheit schutzlos ausgesetzt. Da sie ihre Haut nicht vor der Verdunstung zu schützen vermögen, verlassen sie bei trockenem Wetter nur nachts ihren Unterschlupf, wenn sich genügend Tau auf dem Boden gebildet hat. Dabei bewegen sich alle Landschnecken auf ihrem Schleim fort.

Die Verschiedenheit von Größe, Form und Farbgebung ist bei Weichtieren äußerst groß. Ursprünglich besaßen die Schnecken sowohl ein Gehäuse als auch Kiemen. Im weiteren Verlauf der Entwicklung haben jedoch verschiedene Arten eines oder beide der genannten Merkmale verloren.

Jene Arten, die ihre Gehäuse scheinbar reduziert oder verloren haben, werden als Nacktschnecken bezeichnet. Die richtige Erkennung und Zuordnung von Landgehäuseschnecken ist wesentlich einfacher als die von Nacktschnecken.

Im Naturhaushalt haben die Schnecken – wie alle Tiere, soweit sie Gärtner und Landwirte nicht als unnütz erachten – eine ganz wichtige Aufgabe als Humusbildner sowie bei der Beseitigung von pflanzlichen und tierischen Abfallstoffen.

Von Bedeutung sind die Schnecken für den Hausgartenbesitzer und Landwirt durch ihre Schadwirkung. Besonders schädigend können diverse Nacktschneckenarten auftreten.

Fortpflanzung

Schnecken sind Zwitter (*Hermaphroditen*), also Männchen und Weibchen zugleich. Ihre Geschlechtsphasen laufen zeitlich getrennt ab. Die Tiere sind zuerst männlich (bilden männliche Keimzellen) – nach der Paarung setzt die weibliche Phase ein. Das Heranreifen der Eier ist von Schneckenart und Klima abhängig.

Die Anzahl der gelegten Schneckeneier schwankt je nach Schneckenart und liegt zwischen **20 bis 400 Stück (= Gelege)**. Die Ackerschnecken können bis zu 3 Generationen jährlich, die Gemeinen Wegschnecken nur 1 Nachkommenschaft pro Jahr hervorbringen.

Das Durchschnittsalter ist innerhalb der einzelnen Landschneckenarten unterschiedlich und liegt zwischen 10 Monaten und 5 Jahren. Weinbergschnecken hat man in Gefangenschaft bis zu 11 Jahren gehalten.

Umwelteinflüsse

Die Umweltbedingungen haben einen sehr starken Einfluss auf die allgemeine Entwicklung und das Verhalten der Schnecken. So gehört die Feuchtigkeit der Luft und des Bodens zu den existenzentscheidenden Faktoren.

Generell kann festgehalten werden, dass warme, feuchte Witterung die Aktivität stark steigert, während heiße, trockene Witterung und niedrige Temperaturen sie zum Erliegen bringt.
Neben dem Klima spielt auch die Nahrung (Qualität, Verfügbarkeit) eine entscheidende Rolle in der Entwicklung der Weichtiere.

- Je größer die Wegschnecken, desto abhängiger sind sie bei der Nahrungssuche von den Witterungsverhältnissen.

- Je besser die Lebensbedingungen, desto zahlreicher ist der Nachwuchs.

Fortbewegung

Wie bei allen Weichtieren ist der Fuß der Schnecken das Hauptfortbewegungsorgan. Schnecken kriechen durch wellenförmige Bewegungen der Fußsohlenmuskeln. Der Kriechgang der Schnecke zählt zu den energieaufwendigsten Fortbewegungsarten im Tierreich. Um vorwärtszukommen, benötigt die Schnecke ihren Schleim. Sie produziert praktisch ihren eigenen „Straßenbelag". Dieser verändert sich je nach Belastung. Die Schleimproduktion ist sehr aufwendig, daher rutscht die Schnecke häufig in der Spur eines Vorgängers (energiesparend). Das sprichwörtliche Schneckentempo ist somit begründet. Außerdem können die Schnecken durch diesen Schleim sogar an senkrechten Gegenständen hochklettern. Durch querliegende Muskelverdickungen werden die Landschnecken gleichmäßig, aber dennoch langsam nach vorne geschoben. Sie können eine Strecke von 2,5 bis 4 m pro Stunde zurücklegen.
Die Wegschnecke (*Arion vulgaris*) ist flott unterwegs und sprintet bei günstigen Verhältnissen 5 bis 9 m pro Stunde durch den Garten.

Nahrungsaufnahme und Verdauung

Am Kopf der Schnecken fallen besonders die großen, einziehbaren Augenfühler auf. An deren Spitze befinden sich auch die als schwarze Punkte erscheinenden Augen; an den Augenträgern sitzen die Sinneszellen für den Geruch (zur Fernorientierung). Die Sehzellen lassen nur eine geringe Wahrnehmung zu. Das kürzere Fühlerpaar (Mundfühler) besitzt die Geschmackssinneszellen, sie sind sehr wichtig für die Nahorientierung. Oft finden sich Ruheplätze und Fraßpflanzen an verschiedenen Stellen und die Schnecke kriecht zwischen diesen hin und her.
Die meisten Landschnecken sind Allesfresser. Sie leben von Pflanzen, besonders von zarten Jungpflanzen, Aas, aber auch von faulendem Pflanzenmaterial, Pilzen, Algen und Flechten.
Der Verdauungstrakt ist bei den Schnecken ähnlich ausgebildet wie bei den übrigen Weichtieren. Schnecken nutzen zum Zerkleinern der Nahrung eine Raspelzunge *(Radula)*. Zusätzlich besitzen sie einen Oberkiefer, der als Gegenspieler zum Abschneiden von Nahrungsteilen dient. Paarige große Speicheldrüsen sorgen für die Verdauung der Nahrung.

Atmung

Die Schnecken atmen durch eine Öffnung am Mantelrand, dem Atemloch. Es öffnet und schließt sich regelmäßig und führt in die Mantel- oder Atemhöhle. Durch das Atemloch auf der rechten Körperseite in der Mantelleiste strömt die Außenluft in Folge der Atembewegung der unteren Lungenhöhlenwand in die Lungenhöhle. Das Ausstoßen der verbrauchten Luft erfolgt auf dem umgekehrten Wege.

Überlebensstrategien der Schnecken

Bei heißer oder trockener Witterung haben die Schnecken eigene Strategien. Die Weinbergschnecke z. B. zieht sich zu einem Trockenschlaf (Trockenstarre) zurück und verschließt zudem die Gehäusemündung mit einem Häutchen, dadurch verzögert sich die Verdunstung des im Körper gespeicherten Wassers. Wenn die Voraussetzungen für sie wieder günstig sind, kommt sie aus dem geschützten Versteck und beginnt wieder mit ihrer Tätigkeit. Die Nacktschnecken suchen bei Hitze und Trockenheit geschützte Stellen auf, fahren mit der Stoffwechselproduktion stark zurück und warten dort, bis wieder günstige Aktivitätsvoraussetzungen vorherrschen.

Die Weinbergschnecke sucht für ihre Überwinterung bereits ab 15 °C einen sicheren Platz auf, sie schafft sich eine geeignete Erdhöhle als Winterquartier. Sie verschließt die Gehäusemündung mit einem Kalkdeckel und fällt in die Winterstarre. Der Herzschlag wird auf ein Minimum reduziert.

Bei anderen Gehäuseschnecken ist der Ablauf ähnlich. Nacktschnecken überwintern in frostfreien Verstecken (Erdhöhlen, Gebüsch, Falllaub), viele verkriechen sich im Boden, solange er noch frostfrei ist. So finden sie Schutz vor Frost, aber auch vor kaltem Wind (fördert das Austrocknen). Außerdem haben sie im Blut einen guten Schutzmechanismus; durch den Blutfarbstoff Haemocyanin können sie mehr Sauerstoff binden, dadurch entsteht ein gewisser „Frostschutzeffekt". Zudem wird in der Winterzeit die Stoffwechselaktivität stark reduziert. So können die meisten Schnecken die winterliche Kälte teilweise gut ertragen. Viele Schnecken, z. B. Wegschnecken, sterben bereits im Herbst nach der Eiablage. Für die Große Egelschnecke gilt dies jedoch nicht, sie wird einige Jahre alt. Ackerschnecken können bis 8 °C Minustemperaturen aushalten. Dauert dieser Zustand mehrere Tage, so kommt es zu einer starken Abtötung der Tiere. Jüngere Untersuchungen signalisieren, dass bereits ab -3 °C eine Schädigung feststellbar ist. In Laborversuchen wurde beobachtet, dass Schneckeneier bis -15 °C aushielten. Die Schlupfrate war jedoch gering.

Nachdem sie die Eier immer an geschützten Stellen ablegen und sich selbst in „sichere" Bereiche vor Frost zurückziehen, kann man davon ausgehen, dass in diesen Schutzzonen die Temperatur um mindestens 3 bis 5 °C höher ist. Untersuchungen zeigen, dass über 85 % aller abgelegten Eier in der oberen, 10 cm tiefen Ackerkrume anzutreffen sind.

Schnee isoliert den Boden und er ist ein ausgezeichneter Wärmeregulator, der Wärmeverluste des Bodens verhindern kann. Dies bewirkt eine höhere Bodentemperatur.

Feinde

Die Rolle der natürlichen Feinde für die Regulation von Schnecken wird häufig unterschätzt oder nicht registriert, obwohl diese „kostenlosen" Nützlinge Großartiges leisten.

Jede Schneeauflage schützt auch die Schnecken und Eigelege vor Frost.

Wichtige Schneckenfamilien

Nur wer sie kennt, kann Schnecken erfolgreich regulieren. Für ökologische, biologische, mechanische und chemische Regulierungsverfahren von Nacktschnecken ist eine genaue Bestimmung notwendig, da die Wirksamkeit gegenüber den einzelnen Arten unterschiedlich sein kann. Jeder Schneckenregulierer sollte zunächst klären, wer sein „Feind" ist. Zwischen den einzelnen Schneckenarten zu unterscheiden, ist wohlgemerkt sowohl für den Laien als auch für den Experten nicht ganz einfach. Auch in der Fachliteratur über Landschnecken gibt es zu den einzelnen Arten oft sehr unterschiedliche Angaben. Dabei ist die Unsicherheit besonders bei den Nacktschnecken groß.

Farbe und Größe variieren bei Schnecken extrem stark, deshalb können die dargestellten Merkmale nur Anhaltspunkte sein. Die sicherste Festlegung ist durch die DNA-Strukturen oder Untersuchung des Genitalapparates möglich.

Daher werden jene Schnecken, welche bei uns häufig vorkommen, kurz vorgestellt.

Familie Wegschnecken

Beispiele:
Rote Wegschnecke *(Arion rufus)*
„Gemeine Wegschnecke" *(Arion vulgaris)*
Spanische Wegschnecke *(Arion lusitanicus)*
Gartenwegschnecke *(Arion distinctus, Arion hortensis)*
Braune Wegschnecke *(Arion subfuscus)*

Merkmale:
Atemloch vor der Mitte des Mantelschildes Körper gedrungen
Bewegungen träge und relativ langsam
Ohne Kiel

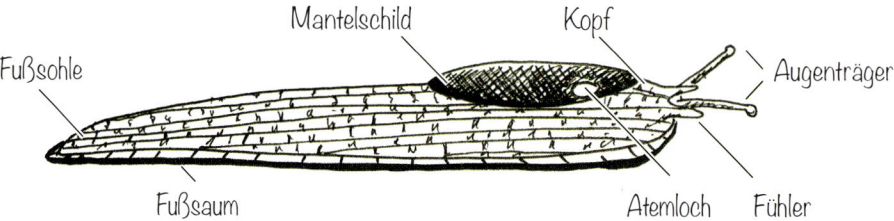

GEMEINE WEGSCHNECKEN (*Arion vulgaris*)

Die Tiere dieser Art weisen große Farbunterschiede auf (rot, ziegelrot, ockergelb, rotgelb bis braun). Man hat bis heute vergebens versucht, die Farbunterschiede exakt zu ergründen. Die Farbe steht im Zusammenhang mit der Feuchtigkeit des Fundortes, dem dort vorhandenen Mutterboden, der Vegetation, der Temperatur, dem Licht und auch der Höhenlage. Sie wird daher sehr wesentlich vom Fundort beeinflusst.

Die Jungtiere sind ebenfalls in der Farbgebung sehr unterschiedlich. Es ist zwar so, dass sie zuerst meist trübblassgelb erscheinen, später jedoch grünlich, rötlich, hellgrau oder dunkelgrau aussehen. Die Jungtiere der bei uns derzeit vorherrschenden Gemeinen Wegschnecke haben dunkle Seitenbinden, die im Zuge der Entwicklung jedoch wieder vergehen. Im Allgemeinen ähneln sie im Aussehen bereits sehr häufig den ausgewachsenen Tieren.

Die Gemeinen Wegschnecken erreichen eine Länge bis zu 15 cm. Die Lebensdauer beträgt ca. 12–14 Monate. Die genannten Wegschnecken-Arten sind äußerlich nur sehr schwer zu unterscheiden.

Sie zeigen in der Farbgebung große Ähnlichkeiten und haben dennoch eine sehr große Variabilität. Die Gemeinen Wegschnecken interessieren sich vor allem für zartes, feines oder absterbendes Pflanzengewebe. Es sollte auch erwähnt werden, dass Wegschnecken im Allgemeinen keine Anzeichen für Kannibalismus zeigen; sie sind jedoch Aasfresser, d. h., sie vertilgen ihre toten Artgenossen.

Die Gemeine Wegschnecke ist jene Art, die sich in den letzten Jahren im west- und mitteleuropäischen Raum stark verbreitet hat und sowohl auf gärtnerischen als auch landwirtschaftlichen Nutzflächen teilweise großen Schaden verursacht. Für sie ist das Klima in Mitteleuropa optimal, und sie ist in vielen Bereichen konkurrenzfähiger als die heimischen Arten. Sie steht daher im Mittelpunkt unserer Betrachtung.

Gemeine Wegschnecke *(Arion vulgaris)*

Vorkommen

Die Gemeine Wegschnecke ist überwiegend in Süd-, Mittel-, aber auch in Osteuropa verbreitet, wobei erwähnt werden muss, dass diese Wegschnecke, die derzeit bei uns häufig vorkommt und gebietsweise ein großes Problem darstellt, nach Beobachtungen erstmals 1972 in Österreich durch die Wissenschaft nachgewiesen wurde. Da bereits 1973 über Massenauftreten in Niederösterreich berichtet wurde, die sich vorwiegend auf Gärten bezogen, ist anzunehmen, dass die Einschleppung schon früher erfolgte.

In Deutschland hat man das erstmalige Auftreten bereits erheblich früher festgestellt (1969). Wie es zu ihrer Einwanderung kam, ist nicht ganz geklärt. Vermutet wird, dass diese Tiere durch Obst- und Gemüseimporte zu uns kamen.

Was hat es mit der Roten Wegschnecke auf sich?

Die Rote Wegschnecke *(Arion rufus)* wird auch als Große Wegschnecke bezeichnet. Sie lebt in den verschiedensten Biotopen, in Wäldern, Gärten, auf Wiesen und in Mooren. Sie ernährt sich nicht einmal zu 5 % von frischen Pflanzen; ihre Hauptnahrung machen welkende Kräuter, Laub und Pilze aus. Die Rote Wegschnecke ist bei uns heimisch und so an unser Klima gewohnt. Sie gewinnt keinen Vorteil dadurch, dass es bei uns wärmer geworden ist.

Spanische Wegschnecke? Das Ende eines Invasions-Mythos

Oft heißt es, es sei die Spanische Wegschnecke, die in unseren Gebieten viele Gärtner und Landwirte seit Jahrzehnten zur Verzweiflung bringt. Das stimmt nicht.

Erstens ist die Spanische Wegschnecke *(Arion lusitanicus)* nur in einem begrenzten Gebiet in Portugal anzutreffen. Frankfurter Forscher haben nicht einmal ein einziges Exemplar in ihrem angeblichen Herkunftsgebiet – Spanien – gefunden! Der Name Spanische Wegschnecke ist also zunächst geographisch gesehen nicht ganz richtig. Was jedoch wichtiger ist für uns, ist das Ergebnis der DNA-Analyse: *Arion lusitanicus* hat 24 Chromosomen, während die Anzahl der Chromosomen der bei uns verstärkt auftretenden Schnecke 26 beträgt.

Es ist also eine andere Schnecke, die sich bei uns in den letzten Jahrzehnten explosionsartig verbreitet hat und welche teilweise starke Schäden im Gemüse- und Ackerbau verursacht hat. Wie im Juni 2014 Studien am LOEWE Biodiversität und Klimaforschungszentrum und der Goethe-Universität in Frankfurt zeigten, kommt diese Schnecke aus Zentraleuropa. Die exakte Namensgebung für diese Schnecke liegt leider noch nicht vor.
Sie dürfte unter „Gemeine Wegschnecke *(Arion vulgaris)*" eingestuft werden.
Im vorliegenden Buch wird deshalb die Bezeichnung Gemeine Wegschnecke *(Arion vulgaris)* verwendet.

E-Mail-Korrespondenz mit Prof. Markus Pfenninger, Goethe-Universität Frankfurt, Februar 2016 und Jänner 2017

Gemeine Wegschnecken bei der Paarung

Lebensräume

Die Wegschnecken sind allgemein in Hecken, Gärten, Wiesen, Feldern, Wäldern und Mooren anzutreffen, aber auch auf sauren Böden und teilweise sogar in ca. 1.800 m Seehöhe. Die Gemeine Wegschnecke bevorzugt jedoch häufig mittlere Klimalagen. Dort ist sie auch ein gefürchteter Gartenschädling.

Lebenszyklus und Entwicklung

Die Gemeine Wegschnecke erzeugt eine Generation pro Jahr. Die Tiere sind nach 4 bis 6 Monaten geschlechtsreif; umweltbedingt kann dies jedoch auch bis zu 9 Monaten dauern.

Die Paarung erfolgt in feuchten und warmen Nächten, zeitlich beginnend mit Ende Juli bis Anfang August. Der Paarungsort befindet sich meist in Wiesen, Hecken oder Gärten. Ein sicheres Zeichen für eine bevorstehende geschlechtliche Vereinigung besteht darin, dass die Tiere unter gegenseitigem Belecken der Schwanzdrüsen sich kreisförmig nähern, bis sie schließlich die rechten Seiten der Vorderkörper aneinanderpressen und ruhig liegen bleiben. Die geschlechtliche Vereinigung dauert 2 bis 3 Stunden. Die Samen werden gewissermaßen zwischengelagert, denn nach der Paarung setzt die weibliche Phase ein. Es bilden sich Eier, die von den gespeicherten Samen befruchtet werden.

Die Eiablage beginnt ca. 3 Wochen nach der Paarung. Es ist jedoch durchaus möglich, dass dieser Zeitraum überschritten wird. Da die Gemeinen Wegschnecken wegen ihrer Größe kaum geeignete Spalten und Risse vorfinden, müssen sich die Tiere andere passende Schlupfwinkel suchen. Es stimmt nicht, dass sich die Tiere Erdlöcher „freischaufeln" können. Sie haben dazu keine geeigneten Grabwerkzeuge. Es kann aber schon vorkommen, dass sie auch in größeren Tiefen vorgefunden werden, aber eben nur dann, wenn ein entsprechender Erdgang vorhanden ist.

Die Eier werden in feuchte, geschützte Erdnester abgelegt. Die Eiablage kann auch unter stärkerer Mulch- oder Laubschicht, sowie unter Brettern und anderen schutzbietenden Gegenständen erfolgen. Es werden jedenfalls nur jene Stellen aufgesucht, die auch genügend Feuchtigkeit (60–70 %) für das Gelege bieten. Die Gelegestärke beträgt im Normalfall 20 bis 400 Stück. Da allerdings jedes Tier nach der Befruchtung Eier legt, aus denen die Jungschnecken schlüpfen, kann ermessen werden, wie rasch eine Zunahme der Bestanddichte möglich ist. Die Eier haben einen Durchmesser von 3 bis 4 mm, sind rund bis oval und kalkweiß.

Die Jungtiere können bereits nach 2 Wochen, aber auch erst nach 4 Monaten schlüpfen. Diese Entwicklung ist sehr wesentlich vom Witterungsverlauf abhängig. Die Tiere sind beim Verlassen der Eier ca. 4 mm groß. Die Mehrzahl der Eier überwintert und die Jungtiere schlüpfen im nächsten Frühjahr. Besonders milde Witterungsbedingungen können dazu führen, dass bis Ende eines Jahres aus den meisten Gelegen die Jungen bereits geschlüpft sind, sodass in den Monaten Jänner/Februar unter schutzbietenden Stellen massenhaft aktive Jungschnecken bis zu einer Größe von ca. 1 cm anzutreffen sind.

Für den Gärtner und Landwirt bedeutet dies, dass eine erfolgsversprechende Regulierung auch im Herbst und in den Wintermonaten erfolgen kann.

Gemeine Wegschnecke bei der Eiablage

GARTENWEGSCHNECKEN (*Arion distinctus* und *Arion hortensis*)

Aufgrund ihrer Ähnlichkeit mit *Arion hortensis* wurde in älteren Unterlagen der Name *Arion hortensis* auch für *Arion distinctus* verwendet. Ausgestreckt ist die Gartenwegschnecke 3 bis 5 cm lang. Die Körperfarbe variiert von grau bis dunkelbraungrau. Die Seiten sind schwärzlich, nach unten hin allmählich heller werdend. Das Mantelschild ist dunkel gerandet. Kopf und Fühler sind blau bis schwarz oder grau. Die Sohle ist gelblich bis kräftig orange, der Körperschleim mehr oder weniger gelb und der Sohlenschleim farblos. Die zwei blauschwarzen oder graubraunen Seitenbinden liegen relativ niedrig und laufen weit auseinander.

Vorkommen

Arion distinctus kann wohl für Deutschland und Österreich als die eigentliche Gartenwegschnecke bezeichnet werden. Als nördlicher Verbreitungstyp ist sie häufig in Mitteleuropa und Nordamerika auf Kulturland und im Garten anzutreffen. Eine ähnliche Art ist *Arion hortensis* (nordwesteuropäische Verbreitung).

Lebensräume

Die Gartenwegschnecken halten sich meist im Boden auf und schädigen Samen, Wurzeln und Knollen. Oberirdisch sind sie hauptsächlich im Frühjahr und Herbst anzutreffen. Im Sommer leben sie weitgehend unterirdisch und können Schäden am Wurzelgemüse anrichten. Sie sind Kulturfolger und bevorzugen Gärten und Äcker als Lebensraum. Sie sind im Gegensatz zu den Wegschnecken nicht sehr wanderfreudig

Gartenwegschnecke auf Nahrungssuche

Lebenszyklus und Entwicklung

Die Gartenwegschnecken sind weniger kälteempfindlich als die meisten anderen Arten. Sie sind daher teilweise auch im Winter aktiv und schädigen Saatgut. *Arion distinctus* bringt eine Generation pro Jahr hervor. Ihr Lebensalter beträgt 7,5 bis 12 Monate. Die Eiablage erfolgt im Herbst, vielfach auch erst Anfang Winter. Die Gelege kann man bis in den Frühling in kleinen Erdhöhlen antreffen. Die Entwicklung der Embryos ist stark temperaturabhängig. Bei einer Temperatur von 5 °C dauert es 14 Wochen bis zum Schlüpfen, bei 20 °C nur zwei Wochen. Die Jungtiere sind meist zeitig in der Früh bereits aktiv. Anzutreffen sind sie nicht auf den Pflanzen, sondern meist an oder unter der Bodenoberfläche. Ihre Hauptnahrung besteht aus Wurzeln von Wurzelgemüsen und weniger aus grünen Pflanzenteilen.

Familie Egel- und Kielnacktschnecken

Beispiele:
Große Egelschnecke *(Limax maximus)*
Einfarbige Ackerschnecke *(Deroceras agreste)*
Genetzte Ackerschnecke *(Deroceras reticulatum)*

Merkmale:
Atemloch hinter der Mitte des Mantelschildes
Körper ausgestreckt schlank
Bewegungen können sehr schnell sein
Kiel bis Mitte Rücken oder bis zum Mantel reichend

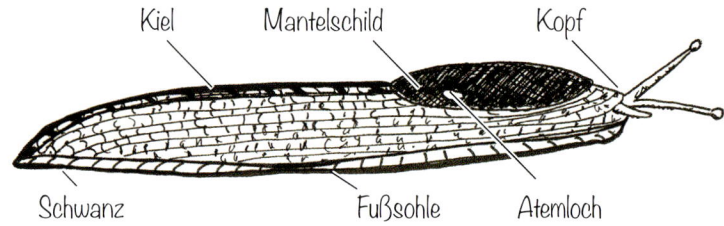

ACKERSCHNECKEN *(Deroceras reticulatum* und *agreste)*

Lebensräume
Ackerschnecken sind sowohl in Wiesen, Hecken, Gärten, Wäldern als auch im Ackerland anzutreffen. Die Genetzte Ackerschnecke *(Deroceras reticulatum)* und die Einfarbige Ackerschnecke *(Deroceras agreste)* kommen meist gemeinsam vor. Beide Arten sind auf der ganzen Welt verbreitet; sie leben im Allgemeinen in dem gleichen Biotop.

Lebenszyklus und Entwicklung
Die Ackerschnecken haben häufig zwei Generationen pro Jahr. Bei günstigen Witterungsverhältnissen kann aber auch noch mit einer dritten Generation gerechnet werden. Die Genetzten, aber auch die Einfarbigen Ackerschnecken werden etwa 6 bis 13 Monate alt und können in diesem Zeitraum bis zu 300 Eier legen. Die Eiablage erfolgt 8 bis 10 Tage nach der Paarung. Die Eier werden überwiegend in Erdspalten und -rissen abgelegt; sie haben einen Durchmesser von 1,5 bis 2 mm und sind wasserklar. Die Entwicklung der Embryonen ist stark temperaturabhängig und kann 18 Tage oder länger dauern. Die kleinen Nachkommen werden auch „Tau-Schnecklein" genannt.
Die Genetzte Ackerschnecke bevorzugt für ihre Aktivität eine Luftfeuchtigkeit von 60 %. Die größten Gelege wurden bei rund 19 °C beobachtet.
Die Geschlechtsreife tritt mit 6 bis 8 Wochen ein. Es ist eigentlich interessant, dass die ebenfalls zur selben Familie zählenden Egelschnecken *(Limax maximus)* eine Lebensdauer von 30 bis 36 Monaten haben und in dieser Zeit unter normalen Bedingungen 600 bis 800 Eier legen. Die Ackerschnecken sind nicht sehr wanderfreudig. Die Wanderung beginnt meist zwischen 17 und 19 Uhr und hat zwischen 21

und 3 Uhr den Höhepunkt erreicht. Neben der Feuchtigkeit und der Temperatur beeinflusst die Lichtstärke ganz entscheidend ihre Aktivität. Es kann durchaus vorkommen, dass in sehr dichten Pflanzenbeständen auch tagsüber Tiere am Boden bzw. auf den Pflanzen angetroffen werden.

Die Genetzten Ackerschnecken sind mittelgroß, ausgestreckt zwischen 3,5 bis 6 cm lang; diese Maße sind auch für die Einfarbigen Ackerschnecken zutreffend. Die zur selben Familie zählenden Egelschnecken können jedoch eine Größe von 10 bis 20 cm erreichen.

Es kann zwischen den beiden Ackerschnecken-Arten wegen der Farbübergänge zu Verwechslungen kommen. Die Körperfarbe ist gelblichweiß, cremefarben, graubraun bis schiefergrau. Teilweise lässt sich eine dunkle, netzartige Zeichnung erkennen, oft ist der Körper fein bis grob gerunzelt.

Der Schleim, welcher an der Fußsohle ausgeschieden wird, ist farblos, bei Reizung jedoch weiß oder milchigweiß.

Bedeutung

Da sie sich sowohl unterirdisch als auch oberirdisch aufhalten, können durch Schadfraß Samen, Wurzeln und Jungpflanzen gefährdet sein. Beide genannten Schnecken-Arten sind den Landwirten und Gärtnern schon lange bekannt. Ihre Schäden an Feldfrüchten (z. B. Raps, Wintergetreide) sind teilweise ganz beträchtlich. Die Ackerschnecken sind nicht sehr wanderfreudig, sie finden schon in kleinen Erdspalten oder unter Erdschollen genügend Unterschlupf. Eine Regulierung muss daher meist breitflächig erfolgen. Auch Gärtner und Köche ärgern sich, wenn auf einmal Jungpflanzen fehlen oder beispielsweise bei Blattgemüse zwischen den Blättern diese kleinen Tiere angetroffen werden. Man nennt sie daher landläufig oft „Salatschnecken".

> **Der gute Tipp für die Küche:**
> Geben Sie vor dem Säubern von Salat, aber auch Gemüse eine Prise Salz ins erste Waschwasser. Dadurch lösen sich übersehene Schnecken von den Pflanzen.

... Gemüse in Gefahr

Genetzte und Einfarbige Ackerschnecke

Paarungsbeginn bei Ackerschnecken

GROSSE EGELSCHNECKEN *(Limax maximus)*

Die Große Egelschnecke ist eine harmlose und sogar sehr nützliche Schnecke.

Vorkommen

Es gibt verschiedene Schnegel- oder Egelschnecken. Davon ist in der Regel lediglich der Tigerschnegel als Kulturfolger im Garten anzutreffen. Die Schnegel- oder Egelschnecke ist aber auch in Hecken, Parks, Wäldern sowie auf vernachlässigten Kompostplätzen daheim. Die Große Egelschnecke gilt als die schönste unter den einheimischen Nacktschnecken.

Lebenszyklus und Entwicklung

Sie vermehren sich langsamer als Wegschnecken und bauen nur kleine Populationen auf. Der Tigerschnegel *(Limax maximus)* erreicht eine Länge von ca. 20 cm. Ihre Grundfärbung variiert von hell- bis dunkelgrau. Eine markante dunklere Zeichnung überzieht den Körper streifig. Der Schleim ist farblos, die Sohle in drei gleichfarbene helle Abschnitte unterteilt. Geschlechtsreif ist sie erst mit ca. 1,5 Jahren. Die Großen Egelschnecken hängen zur Paarung an einem selber ausgeschiedenen Schleimfaden, die Begattungsstellung ist ähnlich jener der Weinbergschnecken. Die glasklaren Eier (ca. 200 Stück) werden in Ritzen oder Höhlen abgelegt. Die Eiablage erfolgt zwischen Juli und August. Die Entwicklung der Embryonen ist stark abhängig von der Temperatur und kann zwischen 19 und 45 Tagen dauern. Egelschnecken haben eine Lebensdauer von ca. 3 Jahren.

Bedeutung

Die Große Egelschnecke ernährt sich vorwiegend von Algen, Flechten, Pilzen, Aas und totem Pflanzenmaterial. Im Gegensatz zu den anderen bekannten Schneckenarten bevorzugt sie chlorophyllfreie Nahrung und frisst auch verholzte Pflanzenteile. Nur naturnahe Gärten bieten ihr optimale Bedingungen. Sie ist eigentlich nur abends anzutreffen, da sie sich tagsüber in einem feuchten, dunklen Unterschlupf versteckt. Sie ist auch in feuchten Kellerräumen anzutreffen. Im Volksmund werden die Großen Egelschnecken daher immer wieder als „Kellerschnecken" bezeichnet. Außerdem wird oft behauptet, die Große Egelschnecke würde andere Nacktschnecken und auch Eigelege fressen. Ich selbst konnte dies jedoch nicht beobachten. Regulierungsmaßnahmen sind für diese Schnecken nur selten erforderlich.

Schneckenfraß erkennen

Sieht man an Pflanzen Fraßschäden und weiß nicht, woher sie stammen, so gibt es ein sicheres Erkennungsbild für Schneckenfraß: Sind auf den Pflanzenteilen oder auch am Boden in unmittelbarer Nähe silbrige Schleimspuren vorhanden, kann man auf Schneckenschaden schließen.

Eine Egelschnecke ist in Gemüsekulturen kaum anzutreffen.

Die Große Egelschnecke gibt es in verschiedenen Farbvarianten.

Familie Schnirkelschnecken

Beispiele:
Weinbergschnecke *(Helix pomatia)*
Gartenschnirkelschnecke *(Cepaea hortensis)*
Hainschnirkelschnecke *(Cepaea nemoralis)*

Merkmale:
Gehäuse sehr unterschiedlich gestaltet (kugel-förmig, gedrückt)
Gehäuse können einfärbig sein, oft jedoch ein Bandmuster mit verschiedener Färbung, sehr große Variabilität

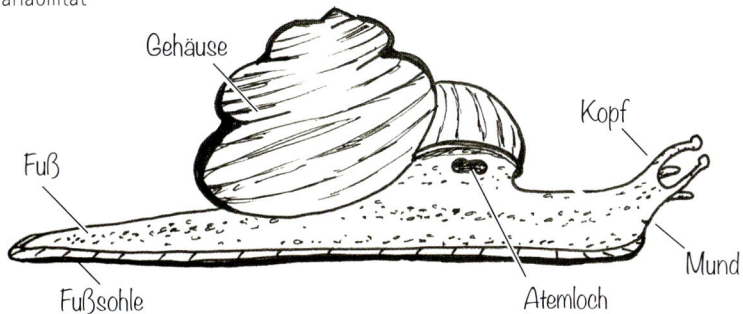

WEINBERGSCHNECKEN *(Helix pomatia)*

Die Weinbergschnecke gehört zu den größten der bei uns vorkommenden Schnirkelschneckenarten. Von dieser Familie gibt es bei uns ca. 70 Arten. Sie ist die größte einheimische Landschnecke. Im Alter kann das Schneckenhaus einen Durchmesser von 5 cm bis 10 cm erreichen.

Fortpflanzung
Die Weinbergschnecke ist ebenfalls nicht getrenntgeschlechtlich. Sie ist mit 2 bis 4 Jahren geschlechtsreif. Die Paarungszeit erstreckt sich von Mitte Mai bis Juli. Die Eiablage von 15 bis 50 Stück erfolgt sechs bis acht Wochen nach der Paarung. Das Schneckenhaus wird bereits während der Eientwicklung gebildet. Nach ca. 25 Tagen schlüpfen die Jungschnecken. Anfangs ist die Schale noch weich und kann die Schnecke nicht vor Gefahren schützen.

Lebensdauer und Lebensweise
Im Freiland erreicht die Weinbergschnecke ein Lebensalter von drei bis sieben Jahren. Sie bevorzugt einen kalkreichen Boden. Die Geschwindigkeit der Weinbergschnecke beträgt ca. 4 Meter pro Stunde. Die Weinbergschnecke kann während trockener Witterung sehr lange durch eine sogenannte Trockenstarre in einer Ruheposition verweilen. Dabei wird die Gehäusemündung durch erhärteten Schleim verschlossen.
Bei langanhaltender Trockenheit kann die Trockenstarre sehr lange dauern. Während dieser Zeit wird auch keine Nahrung aufgenommen; die Weinbergschnecke lebt innerhalb dieser Zeitspanne von

ihren Reserven. Eine längeranhaltende Trockenstarre wird auch als Sommerruhe bezeichnet. Bei ausreichender Feuchtigkeit entfalten die Tiere aber sofort wieder ihre Lebenstätigkeit. Im Herbst setzt bei abnehmender Temperatur und dem Versiegen der Nahrungsquellen die Winterruhe ein. Die Tiere begeben sich dabei in eine selbst errichtete Winterhöhle. Der Winterschlaf ist erblich festgelegt. Im Frühjahr beginnt, bei entsprechender Temperatur und Feuchtigkeit, die Schnecke wieder ihre Aktivität.

Nutzen und Schaden

Die Weinbergschnecken galten schon im vorchristlichen Rom als „Herrenspeise". Es gab bereits damals für die Zucht eigene Mastgehegeanlagen. Der Bedarf wird heute teilweise durch Absammeln der Tiere in eigens dafür errichteten Schneckengehegen bzw. durch Importe abgedeckt.
Ein Schadensfraß von bedeutendem Umfang wurde bisher nur sehr selten festgestellt.

Weinbergschnecken können auch sportlich sein.

Die Weinbergschnecke ist aber grundsätzlich als Nützling anzusehen. Sie ist in Österreich geschützt, und das Sammeln bedarf einer behördlichen Genehmigung. Ob sie auch die Eier der Gemeinen Wegschnecke wirklich verzehrt, ist noch nicht endgültig geklärt. Bei selbst durchgeführten Versuchen war davon nichts zu bemerken.

Weinbergschnecke auf Futtersuche

GARTEN- UND HAINSCHNIRKELSCHNECKEN
(Cepaea hortensis und *Cepaea nemoralis)*

Das Aussehen dieser *Cepaea*-Arten kann sehr stark schwanken. Es ist die genaue Kenntnis der Gehäuseform und Farbe notwendig, um eine eindeutige Zuordnung machen zu können.
So gibt es bei den Gartenschnirkelschnecken, auch „weißmündige Bänderschnecken" genannt, vier verschiedene Formen nach dem äußeren Erscheinungsbild. Diese reichen von der deutlich gebänderten (5 bis 8 Bänder) bis hin zur gelben ungebänderten, transparenten Variante. Die Mündung ist mit einer weißen (gelegentlich braunen) starken Lippe ausgestattet.

Vorkommen
Die genannten *Cepaea*-Arten sind bei uns sehr stark verbreitet. Sie sind sowohl auf Sträuchern, in Hecken und Wiesen, als auch auf fast allen Grünpflanzen anzutreffen. Bevorzugt werden immer feuchte Standorte. Die Gartenschnirkelschnecken sind bis in Höhen von 2000 m, die Hainschnirkelschnecken bis zu 1.200 m Seehöhe in den Alpen anzutreffen.

Lebenszyklus und Entwicklung
Bei Trockenheit sind diese Schneckenarten aufgrund ihres Gehäuses nicht in der Lage, sich in feuchtes Erdreich zurückzuziehen. Sie können sich allerdings besonders gut in eine sogenannte Trockenstarre begeben. Diese kann einige Wochen lang dauern. Die Schnecken ziehen sich dabei in ihre Gehäuse zurück und schließen die Öffnung meist mit einem Schleimfilm vor der Gehäusemündung ab.
Es kann daher die ganze Gehäuseöffnung verschlossen werden. Ein kleines Loch für die Luftzirkulation bleibt aber meist offen.

Bedeutung
Durch den Schabfraß können nicht nur an Sträuchern und Hecken Schäden auftreten, sondern auch an Gemüsepflanzen, Obstbäumen und Roten Johannisbeeren.
Es muss allerdings erwähnt werden, dass sie als Lästlinge keine größere Bedeutung haben. Eine spezielle Regulierung bzw. Bekämpfung erscheint beim derzeitigen Auftreten nicht gerechtfertigt zu sein.

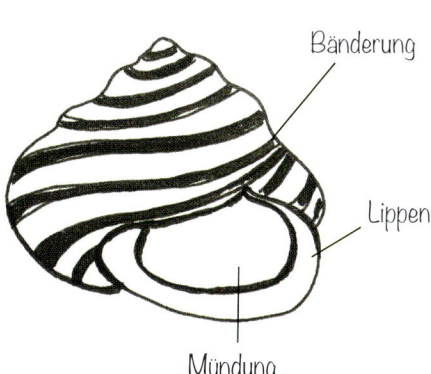

Hainschnirkelschnecken sind besonders farbenprächtig.

Schadwirkung bei Kulturpflanzen und Erntegut

In feuchtwarmen Sommermonaten, im Herbst sowie in regnerischen Jahren und natürlich in stets feuchten Gebieten können die Schnecken erhebliche Schäden in landwirtschaftlichen, gärtnerischen und obstbaulichen Kulturen anrichten. Der Umfang der Schädigung hängt sehr von der Aktivität, der Größe und der Vermehrungsstärke ab. Schnecken haben feine Geruchsorgane, die gezielte Nahrungsaufnahme wird durch den Geruch des Pflanzenmaterials ausgelöst. Bei der Nahrungsaufnahme wird junges, zartes Pflanzenmaterial bevorzugt.

Es ist ein Irrtum, zu glauben, dass ein Gewächshaus vor den Schnecken schützen kann. Hier muss immer wieder festgestellt werden, dass sich die Tiere wegen der häufig vorhandenen Bodenfeuchte und -wärme im Tunnel bzw. Gewächshaus ausgesprochen wohlfühlen. Viele Gärtner und Landwirte wurden schon mit großen Fraßschäden an Keimlingen und Jungpflanzen im Anzuchtkasten oder Tunnel konfrontiert.

Ein starkes Auftreten besonders der Ackerschnecken (Genetzte und Einfarbige), aber auch von verschiedenen *Arion*-Arten (Wegschnecken) ist sehr häufig festzustellen.

Die Schäden können bei Gemüsekulturen und jungen Getreidebeständen sehr hoch sein. Bei Getreide scheint besonders das Wintergetreide bevorzugt betroffen zu sein. Bei den Gemüsekulturen sind vor allem Karotten, Kohlgewächse (z. B. Chinakohl) sowie Bohnen, Erbsen, Salat und Spinat akut gefährdet.

Bei verschiedenen Feldfrüchten, z. B. Rüben, Kartoffeln, aber auch bei Kürbisgewächsen wurden Schäden festgestellt. Dabei sei erwähnt, dass Rüben eher im Keimblattstadium gefährdet sind. Die Schadwirkung bei den Kartoffeln zeigt sich vorwiegend im Siebfraß bei den Blättern. Kürbisse und Gurken werden vornehmlich an der Frucht geschädigt, dies führt in der Folge meist zu rascher Fäulnis.

Grünfutter und Futtermais können ebenfalls von Schnecken befallen werden. Durch die zurückbleibenden Schleimspuren auf den Pflanzen kann es bei starkem Befall sogar dazu kommen, dass die Tiere, besonders Rinder, die Grünfutteraufnahme verweigern.

Im Obstbau/Weinbau sind Schäden ebenfalls feststellbar. Diese Kulturen werden bevorzugt durch Gehäuseschnecken, aber auch durch Nacktschnecken befallen. Gefährdet sind z. B. Äpfel-, Birnen-, Holunder- und Pfirsichbäume. Dabei werden sowohl die vorhandenen Früchte als auch die Blätter geschädigt. Ferner machen verschiedene Gehäuseschnecken auch vor Stachelbeer- und Johannisbeersträuchern nicht Halt. Die meisten Gehäuse- und Nacktschnecken halten sich auch liebend gern an den reifenden Erdbeeren auf.

Auch die Rinde der grünen Rebtriebe und austreibende Knospen können durch Schneckenfraß beeinträchtigt werden. Verschiedene Zierpflanzen (Sträucher, Blumen) können ebenfalls durch Schneckenfraß arg geschädigt werden.

Schäden richten die Schnecken nicht nur ausschließlich durch ihren Fraß (Schabfraß) an. Es kommt teilweise natürlich auch zu Verunreinigungen durch Schleim und Kot. Dadurch werden Gemüse-, Obst- und Getreidefrüchte nicht nur unansehnlich, sondern auch häufig unverkäuflich.

An den Fraßstellen siedeln sich rasch Fäulnispilze und Bakterien an, sodass die Haltbarkeit darunter leidet. Qualitätsminderung und Ertragseinbußen sind die Folge. Es wurde bereits in Versuchen nachgewiesen, dass die Schnecken verschiedene Krankheiten der Kulturpflanzen direkt übertragen können. Dies wurde z. B. beim Tabakmosaik-Virus, aber auch bei verschiedenen Alternaria- und Fusarium-Sporen festgestellt. Schnecken können auch Überträger von Krankheitserregern sein oder auch Zwischenwirte von Parasiten von Mensch und Tier.

> **WICHTIG**
> Sehr viele Schneckenarten nehmen auch Kot als Nahrung auf. Dadurch kommen verschiedene Parasiten (Krankheitserreger) in den Verdauungsapparat der Tiere, die in der Folge wieder ausgeschieden werden. Die Krankheitserreger können aber auch am Körperschleim haften bleiben und beim Umherkriechen auf Gemüse, Erdbeeren usw. gelangen. Besonders gefährdet sind daher Lebensmittel, die roh gegessen werden.
> Früchte, welche von Schnecken geschädigt wurden, sollte man vor dem Verzehr immer gründlich waschen.

> **Hätten Sie gedacht ...**
> Wenn man eine ausgewachsene Wegschnecke pro m² annimmt, kann der Grünmasseverlust in der Vegetationszeit pro Monat bis zu 2.000 Kilo pro Hektar betragen!

Salat ist von Schnecken stark gefährdet.

Pflanzen, die durch Schnecken stark gefährdet sind

Sind alle Gartenpflanzen durch Schnecken gefährdet?
Nein, aus der Forschung und der Praxis wissen wir, dass nicht sämtliche Gemüsepflanzen, Kräuter, Blumen oder Stauden durch Schneckenfraß gefährdet sind. Schnecken haben nicht alle Pflanzen auf ihrem Speiseplan ganz oben. Für den Gartenbesitzer ist es deshalb von Vorteil, diese Ungleichheit auch im Garten zu berücksichtigen.

Es ist von Vorteil, wenn man einige Lockpflanzen als Einladung für die zuwandernden Schnecken am Gartenrand setzt. Diese Köderpflanzen werden zuerst angenommen. Dieser Bereich sollte dann auch ständig kontrolliert werden. Die unten angeführten Pflanzen gehören für Schnecken zu den besonderen Leckerbissen.

Borretsch ist vielfach in der Küche verwendbar.

Tagetes gehören zu den Lieblingspflanzen der Schnecken.

Kornblume

Pflanzen, die durch Schnecken stark gefärdet sind

B
Basilikum
Bechermalve
Blumenkohl
Bohnenkraut (einjährig)
Borretsch (Jugendstadium)
Buschbohnen

C
Chinakohl
Chrysanthemen

D
Dahlien (Jugendstadium)
Dill
Diptam

E
Engelstrompete
Enzian
Erbsen
Erdbeeren
Estragon

F
Fenchel
Funkie

G
Gartenmelde
Gelbe Rübe
Gelber Sonnenhut
Gladiolen
Gurke

H
Herbstanemone

I
Islandmohn

K
Kaiserkrone
Karotten
Kohlrabi
Kopfsalat
Kornblume (Zuchtform)
Kürbis

L
Levkoje
Lilie
Lupinen

M
Mairüben
Mais (Jugendstadium)
Meerrettich
Mittagsblumen

N
Narzissen

P
Paprika
Petunie
Petersilie (Jugendstadium)
Primeln

R
Radieschen
Rettich
Rittersporn (Jugendstadium)
Rote Bete

S
Sellerie (Keimlinge)
Sonnenblumen
Stangenbohnen (Jugendstadium)
Studentenblumen

T
Tagetes
Taglilie
Teufelskralle
Tulpen

W
Weißkohl

Z
Zinnien
Zucchini

Zusammenstellung von verschiedenen Autoren und eigenen Beobachtungen

Basilikum

Enzian

Kaiserkrone

Erdbeeren

Pflanzen, die durch Schnecken stark gefärdet sind 35

Lupinen

Kürbis

Rittersporn

Pflanzen, die von Schnecken eher gemieden werden

Von Schneckenfraß nicht oder weniger gefährdet sind die Pflanzen in der hier angeführten Tabelle. Die Widerstandskraft gegenüber Schneckenfraß kann aber trotzdem negativ beeinflusst sein, beispielsweise durch Überzüchtung, Düngungsfehler und Standortwahl. Die schneckenabwehrende Wirkung geht in erster Linie von den ätherischen Duftstoffen der Pflanzen aus. Es ist durchaus möglich und auch sinnvoll, gewisse Pflanzen ringförmig um Beete anzuordnen, damit sie besonders gefährdete Pflanzen vor Schnecken schützen.

A
Akelei
Alpenveilchen
Anemone

B
Baldrian
Bärlauch
Bartblume
Bartnelken
Begonie
Berg-Steinkraut
Beinwell
Blausternbusch
Blutweiderich

C
Chicoree
Chinaschilf
Christrose
Currykraut

D
Dachwurz
Dost

E
Eberraute

Echtes Johanniskraut
Efeu
Eisenhut
Eisenkraut
Endivie
Erika

F
Farne
Färberkamille
Feldsalat
Fetthenne
Fingerhut
Fingerkraut
Fleißiges Lieschen
Flieder
Frauenmantel
Fuchsie

G
Geißbart
Geranie
Gewürzfenchel
Goji-Beere
Goldfelberich
Goldlack
Goldmelisse
Greiskraut

Gundermann

H
Hauswurz
Heidelbeeren
Herzgespann

J
Jasmin
Johannisbeeren

K
Kalifornischer Mohn
Kamille (Echte)
Kapuzinerkresse
Katzenminze
Kerbel
Kermesbeere
Knoblauch
Königskerze
Kornblume (Wildform)
Küchenschelle
Kugeldistel

L
Labkraut
Lauch
Lavendel

Leberblümchen
Liebstöckel
Löwenmaul

M
Maiglöckchen
Majoran
Malve
Mangold
Mädesüß, Echtes
Männertreu
Märzenbecher
Minzen
Mohnarten
Mutterkraut

N
Nachtkerze
Natternkopf

O
Oregano

P
Pfeffersalbei
Pfennigkraut
Pfingstrose
Phlox

Pflanzen, die von Schnecken eher gemieden werden

Beinwell

Porree
Preiselbeeren

R
Radicchio
Rhabarber
Rhododendron
Ringelblume
Rose
Rosenkohl
Rosmarin
Roter Fingerhut
Rucola

S
Salbei
Schafgarbe
Schnittlauch
Schwertlilie
Seggen
Seifenkraut
Silberdistel
Sommeraster
Sommerzypresse
Sonnenhut
Spargel
Stachelbeeren
Storchenschnabel

Sumpfdotterblume

T
Taubnessel
Thymian
Tomate
Tränendes Herz

W
Waldrebe
Wegwarte
Wermut
Wiesen-Storchschnabel
Wolfsmilch
Wollziest

Y
Ysop

Z
Ziergräser aller Art
Zierlauch
Zitronenmelisse
Zuckerhutsalat
Zwiebel

Seifenkraut bleibt verschont.

Frauenmantel wird von den Schnecken abgelehnt.

Zusammenstellung von verschiedenen Autoren und eigenen Beobachtungen

Akelei

Goldmelisse

Baldrian

Bitte beachten Sie:

Die Gemeine Wegschnecke *(Arion vulgaris)* verschmäht praktisch keine Pflanzen – sie hat jedoch Lieblinge.

Tipp:

Optimal versorgte Pflanzen sind Schnecken gegenüber widerstandsfähiger. Sie bilden ein besonders festes Gewebe aus und schützen sich dadurch vor Schädlingen besser als schwächliche Pflanzen.

Pflanzen, die von Schnecken eher gemieden werden

Kapuzinerkresse

Ringelblume

Malve

Goji-Beere

Mangold

Lavendel

Der richtige Zugang zu einer zielführenden Schneckenregulierung

Die Nacktschnecke ist eigentlich bewundernswert. Kaum ein anderes Tier ist so ohne Schutzpanzer, so ohne jegliche Verteidigungsausrüstung geboren wie sie. Sie besticht weder durch Gefährlichkeit, noch durch Schnelligkeit. Trotzdem ist sie so erfolgreich, dass ganze Ernten von ihr vernichtet werden, Gartenbesitzer sich die Haare raufen und mit Spaten und Schere „Amok" laufen, Albträume haben und kapitulieren.

Die drei großen Fehler von Schneckengeplagten

HASS
Es ist leicht, sich über die unliebsamen Gartenbesucher zu ärgern oder mehr noch, sie zu hassen. Das bringt jedoch überhaupt nichts, außer innerlicher Unruhe – und wer kann das schon brauchen. Machen Sie es anders: Werden Sie sich bewusst, dass Schnecken viele wertvolle Aufgaben erfüllen. Schnecken sind wichtige Mitglieder in einem gesunden Naturhaushalt. Das Problem ist nur, wenn es zu einem Ungleichgewicht kommt. In anderen Worten: zu viele Schnecken. Helfen Sie mit, das Gleichgewicht in Ihrem Garten wieder aufzubauen.

HEKTIK
Niemand freut sich, wenn der Salat angeknabbert wurde oder wenn die Schnecken sich im gehegten Gemüsebeet breitmachen. Da kommt leicht Panik auf und man begibt sich auf die Suche nach einer schnellen Lösung. Behalten Sie jedoch die Ruhe. Überlegen Sie den gesamten Kreislauf Ihres Gartens durch und passen Sie den Maßnahmenkatalog den Bedürfnissen Ihres Gartens an. Die Schnecken sind ja auch nicht über Nacht in Ihren Garten gekommen!

HILFLOSIGKEIT
Es gibt keinen Grund, sich hilflos zu fühlen. Gegen alles ist ein Kraut gewachsen – gegen die Schnecken sogar mehrere. Besonders wichtig ist, dass man sich mit den Lebensgewohnheiten der Schnecken auseinandersetzt, um die Abwehrstrategie daran anzupassen. Ein breites Spektrum an Maßnahmen steht Ihnen für individuelle Lösungen zur Verfügung. Dieses Buch wird Sie dabei unterstützen.

Was ist der Unterschied zwischen ökologischen, biologischen, mechanischen und chemischen Regulierungsmaßnahmen?

Ökologisch bedeutet, dass die Maßnahme auf eine ausgeglichene Wechselbeziehung zwischen den Organismen – in unserem Fall den Schnecken – und ihrer natürlichen Umwelt abzielt (z. B. Anbringung von Mischkulturen).

Biologische Maßnahmen und Mittel sind solche, die im Biolandbau zugelassen sind (z. B. Ferramol). *Beachten Sie, dass die Begriffe biologisch und ökologisch oft als Synonyme verwendet werden.*

Eine mechanische Maßnahme zeichnet sich durch den Einsatz von Geräten und anderen technischen Hilfsmitteln aus (z. B. Rüttelegge, Netzegge, Pflug, Schneckenzaun).

Chemische Maßnahmen beruhen auf dem Einsatz von chemisch hergestellten Mitteln (z. B. Eisen-III-Phosphat).

Ein schönes Nützlingshotel

Regenwürmer sind wichtige Helfer im Garten- und Ackerbau.

Regenwürmer und Mischkultur als Gegenspieler zu Schnecken

Regenwürmer sind exzellente Helfer im Garten- und Ackerbau. Sie sind die Stars unter den Bodentieren und die perfekten Tunnelbauer unter Tag. Sind viele Regenwürmer im Boden, so ist dies ein äußerst positiver Beitrag zu einer gesunden, widerstandsfähigen Pflanzenentwicklung.

Sie tragen z. B. einen wesentlichen Teil zur Mineralisierung, zum Humusaufbau, der Lebendverbauung und Durchlüftung bei. Um diese wertvollen Tätigkeiten auch machen zu können, brauchen sie ausreichend Nahrung in Form von toten, absterbenden organischen Materialien, wie beispielsweise Stroh- und andere Ernterückstände von Begrünungspflanzen, aber auch Kompost.

Sind diese Voraussetzungen gegeben, kommt es im Boden zu einer Anreicherung von Humus. Dieser zeichnet sich wieder durch eine hohe Wasser- und Nährstoffspeicherung aus, dadurch ist eine kontinuierliche Versorgung mit Nährstoffen für die Pflanzen gegeben. Ein hoher Humusanteil im Boden verhindert die Fäulnisbildung! In alten Gartenunterlagen wird immer wieder dieser positive Effekt hervorgehoben. Man geht davon aus, dass verschiedene Stoffausscheidungen im Humus dafür verantwortlich sind.

Schnecken bevorzugen allerdings Fäulnisstoffe und diese sind auf verdichteten, humusarmen, kaum mit organischem Material versorgten Böden ausreichend vorhanden!

Die Mischkultur zielt erstens darauf ab, dass sich durch geeignete Pflanzenkombinationen diese gegenseitig im Wachstum und in der Widerstandskraft sehr vorteilhaft beeinflussen. Mischkultur ist Nachbarschaftshilfe unter Pflanzen. Die Pflanzen besitzen biologische Wirkstoffe, sogenannte Phytonzide, diese können förderlich oder hemmend sein. Sie werden an den Boden oder in die Luft abgegeben.

Die Wechselwirkung zwischen den Pflanzen wird als Allelopathie bezeichnet. Sie kann sich positiv oder negativ auswirken. Die Mischkultur zielt daher darauf ab, dass jene Pflanzen kombiniert werden, die sich auch gut vertragen. Die Kulturen entwickeln sich dadurch gesünder und sind wesentlich widerstandsfähiger gegenüber Krankheiten und Schädlingen.

Diese alten Erfahrungsschätze werden heute den interessierten Gärtnern und Landwirten wieder nähergebracht. Derzeit bemühen sich auch Wissenschaftler um eine Begründung und erste Ergebnisse deuten darauf hin, dass ein enger Zusammenhang zwischen Regenwurmbesatz im Boden und Mischkultur besteht.

In einem naturnahen Garten schaffen wir Lebensräume für potentielle „Schnecken-Gegenspieler".

Der richtige Zugang zu einer zielführenden Schneckenregulierung

Ein vielfältiger Garten mit Mischkultur ist die beste Voraussetzung, um ein Schneckenproblem erst gar nicht aufkommen zu lassen!

Möglichkeiten zur erfolgreichen Regulierung von Nacktschnecken

- Erfolgreiche Schneckenregulierung setzt auch Kenntnis über das Schneckenleben voraus, denn nur so ist es möglich, mit geeigneter Abwehrstrategie gegen eine unerwünschte Massenvermehrung vorzugehen.
- Durch die Bekämpfung darf keine weitere Störung des ökologischen und biologischen Gleichgewichts entstehen. Dies gilt ganz besonders beim Einsatz von chemischen Köder- oder Spritzmitteln.
- Geduld und Ausdauer sind unbedingt notwendig. Eine ständige Beobachtung, auch bei geringem Schneckenaufkommen, ist sinnvoll.
- Eine erfolgreiche Regulierung schließt mit ein, dass alle Grundeigentümer (Gartenbesitzer, Landwirte, Gemeinde und Straßenverwaltung) in einem betroffenen Gebiet mittun, da besonders die Gemeinen Wegschnecken ziemlich problemlos größere Entfernungen überbrücken können.
- Besonders wirkungsvoll erscheint das Freilegen von Gelegen unter Mulch oder anderen schutzbietenden Stellen (z. B. künstlich angelegte Schlafplätze aus morschen Brettern).
- Das Absammeln von Schnecken ist grundsätzlich eine effiziente Methode und auf Dauer zählt diese Regulierung zu den erfolgreichsten. Beginnen soll man immer in jenen Bereichen, die etwas feuchter sind, denn von dort geht meistens die Wanderung zu den begehrten Pflanzen aus. Die beste Zeit zum Schneckensammeln ist spätabends, nach einem warmen Regen, oder zeitig in der Früh.
- Versuchen Sie, den Lebensraum für die Nützlinge (z. B. Kröten, Igel) zu verbessern.
- Im Hausgartenbereich, wenn notwendig, die Ködermittel unter Sträucher, Bodendecker und Blumenformationen streuen, da sich dort die Schnecken vermehrt aufhalten bzw. zurückziehen. Nur bei starkem Auftreten Köder breitflächig ausstreuen.
- Erfolgreiche Schneckenregulierung ist rund ums Jahr möglich, jedoch mit unterschiedlicher Intensität, z. B. finden die Schnecken zeitig im Frühjahr im Garten nur wenige Futterpflanzen vor. Hier sind „Anlockmethoden" besonders erfolgreich.

Entwicklungs- und Regulierungsplan für die Gemeine Wegschnecke (*Arion vulgaris*)

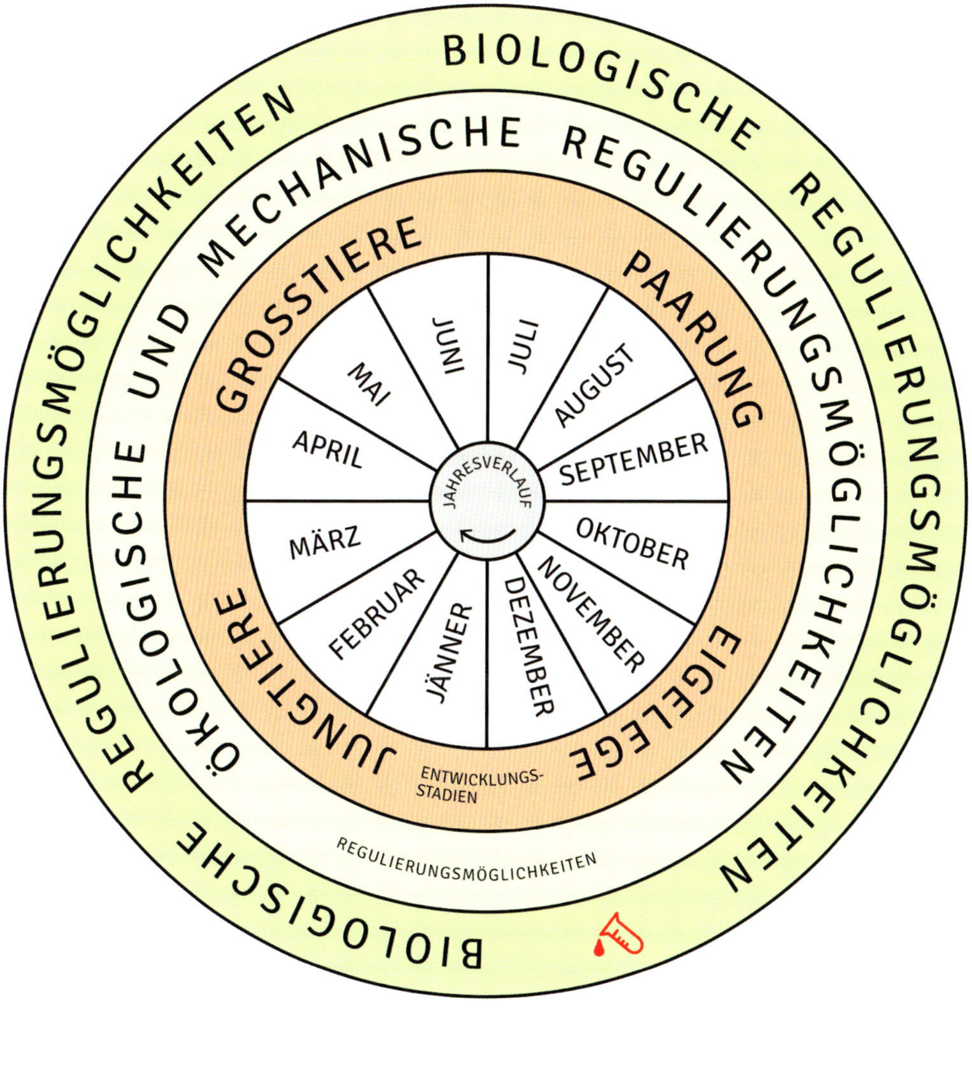

Chemische Regulierungsmöglichkeiten in Ausnahmefällen

Schneckenregulierung im Hausgartenbereich

Allgemein

Wer glaubt, die Schnecken sind schleimige Ungeheuer, die ziel- und orientierungslos durch den Garten ziehen und alles an Pflanzen fressen, was ihnen in die Quere kommt, der irrt sich gewaltig. Die Schnecken bevorzugen nicht nur bestimmte Böden, sondern auch Pflanzen. Auf diese wesentliche Tatsache ist bei den Gegenmaßnahmen unbedingt Rücksicht zu nehmen.

Im Frühjahr soll man die Gartenflächen so zeitig wie möglich hacken und bearbeiten, dadurch wird der Ruheplatz der Mollusken gestört. Durch diese Maßnahme gelangen die noch oder schon vorhandenen Eigelege an die Erdoberfläche und trocknen aus oder werden durch die mechanische Tätigkeit zerstört. Bei der Frühjahrsbearbeitung der Pflanz- und Saatbeete muss darauf geachtet werden, dass die Oberfläche feinkrümelig ist. Dadurch können sich die Nacktschnecken nicht mehr in ihr „gemütliches Zuhause" zurückziehen.

Kalte, frostige Frühjahrsnächte sind für Nacktschnecken ebenso von Nachteil wie sonnige, trockene Tage. Der Einsatz einer Fräse würde zwar eine stärkere mechanische Reduzierung von Schnecken bedeuten, doch werden dadurch leider auch Regenwürmer bzw. verschiedene Käferarten, also größere Bodentiere, getötet. Des Weiteren besteht – besonders auf mittleren bis schweren Böden – eine Gefahr der Bodenverdichtung. Die Fräse ist deshalb eigentlich für den Freiland-Gemüsebau nicht zu empfehlen.

Jeder Gärtner und Pflanzenliebhaber hat den Wunsch, die Früchte seiner Mühen auch zu ernten. Doch gibt es den Albtraum auch in unseren Gärten: Nacktschnecken können erhebliche Schäden an Gemüse- und Zierpflanzen verursachen.

In den letzten 40 Jahren hat sich zu den schon immer bei uns vorkommenden Ackerschnecken die Gemeine Wegschnecke extrem stark verbreitet. Die Schnecken fressen an Blättern, Stängeln, Blüten, Samen und Früchten der Pflanzen. Gegen die so entstandene Schneckenplage gibt es kein Patentrezept.

Es gibt jedoch eine äußerst große Anzahl von Maßnahmen, um die Schneckenpopulation bzw. die Schäden durch die unliebsamen Gartenbewohner zu reduzieren, damit wieder große Freude im Garten aufkommt.

> **Tipp für Gartenfreunde:**
>
> Gartenfreunde sollen sich bewusst sein, dass es keine einmalige oder beste Methode zur Regulierung von Nacktschnecken gibt. Vielmehr hat sich in der Praxis herausgestellt, dass Kombinationen verschiedener Maßnahmen langfristig am erfolgreichsten sind.

Bodenpflege

Eine gezielte Bodenpflege macht den Schnecken das Leben schwer.

KLEINES ABC DER BODENPFLEGE
- Fördern Sie einen humusreichen Boden (Komposteinsatz).
- Verwenden Sie Kompost zur Bodenlockerung.
- Fördern Sie Krümelstruktur und verhindern Sie dadurch Risse und Spalten.
- Nehmen Sie die Tiefenlockerung erst im Winter vor. Hacken Sie, vor allem bei trockener Witterung (schließt Risse/Spalten).
- Mulchen Sie, aber richtig!
- Verwenden Sie nur trockenes Mulchmaterial.
- Bringen Sie bei größeren Schneckenproblemen eine eher dünnere Mulchschicht auf.
- Tolerieren Sie leichte Verunkrautung. Sie dient den Schnecken als „Ablenkfutter" und fördert schneckenfressende Nützlinge (z. B. Laufkäfer).

Kompost

Zur Erreichung von guter Krümelstruktur und kräftigen, gesunden Pflanzen ist die Zufuhr von gutem Kompost unerlässlich. Kompost ist eine wahre Frischzellenkur für den Gartenboden. Oft wird behauptet, dass Kompostmieten oder -behälter Schnecken stark anlocken, die sich dann häufig am Fuße der Kompostmieten einfinden. Dort sollen die Schnecken auch ihre Eier ablegen, aus denen in der Folge Jungtiere schlüpfen. Dies ist jedoch nur dann ein Problem, wenn der Kompostplatz falsch bewirtschaftet wird, eben nur dann, wenn statt dem Rotteprozess ein Fäulnisprozess abläuft. Da heißt es, die Kompostierung zu perfektionieren, was an und für sich nicht schwierig ist.

Ordentliche Kompostierung zieht keine Schnecken an.

Es stimmt, dass durch absterbendes, faulendes Material die Schnecken extrem angezogen werden, aber es hat den Vorteil, dass man an diesen Stellen die Tiere gezielt einsammeln kann. Das Aufstellen der Schneckenfalle wäre besonders wirkungsvoll. Auf einem ordentlich bewirtschafteten Kompostplatz entsteht jedoch keine Fäulnis, sondern ein Rotteprozess, welcher Schnecken nicht anlockt.
Es ist günstig, in schneckengefährdeten Gärten den Kompost vor Ausbringung auf eventuell vorhandene Schnecken-Eigelege oder Jungschnecken zu untersuchen. Ist Gefahr gegeben, sollte der Kompost einige Stunden vor dem Einsatz im Gemüsegarten oder am Kompostplatz in dünner

Schicht aufgeschüttet werden. Dadurch ist eine Trocknung gegeben, die bewirkt, dass vorhandene Eier austrocknen bzw. Jungschnecken ihre „Unterkunft" verlassen.

Vorrangiges Ziel eines jeden Gärtners sollte es sein, den anfallenden Abfall durch ordentliche Kompostierung in wertvollen Humus für den eigenen Garten zu veredeln.

Wenn man die minimale Gefahr der Verbreitung von Schnecken durch den Kompost berücksichtigt, steht sie in keinem Verhältnis zu den äußerst positiven Eigenschaften des Kompostes für die Gesundheit unserer Gärten und Gemüsepflanzen.

Mulchen

Das Abdecken des Bodens mit organischem Material hat eine jahrhundertealte Tradition und lässt sich bis in die Klostergärten des 8. Jahrhunderts zurückverfolgen. Mulch stellt die warme Decke für die Erde dar und verhindert rasche Verdunstung von Niederschlägen. Die Mulchschicht bietet den meisten Kleintieren und Bodenorganismen durch gleichbleibendes Klima idealen Schutz sowie reichlich Nahrung. Der wesentliche Vorteil von Mulch besteht vorrangig im Bodenschutz und der Verbesserung in Form von Humusaufbau durch das langsam verrottende Mulchmaterial.

Mulchung für eine gesunde Pflanzenentwicklung

In schneckengefährdeten Gebieten kann sich diese Bodenbewirtschaftung günstig auf die Lebensbedingungen der Schnecken auswirken.

Es ist daher immer darauf zu achten, dass nicht frisches Material zur Bodenabdeckung verwendet wird. Durch die Aufschüttung entsteht ein Fäulnisprozess der gerade absterbenden Pflanzen. Wie bereits erwähnt, bevorzugen Schnecken absterbende und fäulnisbildende Pflanzen. Durch ihre bestens ausgebildeten Geruchsorgane spüren sie solche Plätze auf. Trotzdem erscheint es nicht notwendig, auf die Mulchung zu verzichten. Man muss nur darauf achten, dass das ausgebrachte Material gut getrocknet ist. Dasselbe gilt auch bei der Verwendung von frischem Rasenschnitt. Günstig ist es, wenn man gröberes Material, beispielsweise Stroh, mitverwendet. Wenn Sie ein starkes Schneckenaufkommen im Garten haben, ist ein Mulchen durchaus möglich. Sie sollen dabei wie folgt vorgehen: zuerst die Ködermittel aufbringen und erst danach die Fläche mit gut getrocknetem Mulchmaterial abdecken.

Werden z. B. Schneckenköder eingesetzt, so sind diese vor der Mulchaufbringung zu streuen. Wenn auf schweren, eher untätigen Böden gemulcht wird, ist es von Vorteil, dass man auch EM-AKTIV einsetzt. Auf 9 Liter Wasser kommt dabei 1 Liter EM-AKTIV. Diese 10 Liter reichen für ca. 30 m^2 aus. Mehrmaliges Sprühen während des Jahres ist sinnvoll, da dadurch die oft auf schweren, humusarmen Böden entstehende Fäulnis verhindert wird. Wie bereits beschrieben, ist Fäulnisgeruch sehr anziehend für Schnecken und sollte deshalb unbedingt vermieden werden.

Saatbeetvorbereitung und Aussaat

Um das Schadensrisiko klein zu halten, ist es wichtig, auch bei der Saatbeetvorbereitung keine optimalen Bedingungen für die gefräßigen Nacktschnecken aufkommen zu lassen.

Hat man bereits ein Schneckenproblem, so ist es unerlässlich, sämtliche Möglichkeiten auszuschöpfen, um die Startphase für Gemüsepflanzen etc. gut zu gestalten. Ungekeimte Samenkörner, welche zu lange im Saatbeet liegen, sind begehrte Leckerbissen für die Schnecken.

EINIGE ALLGEMEINE TIPPS

- Lockern Sie den Boden so früh wie möglich, dadurch werden eventuell vorhandene „Winterschlafplätze" der Schnecken zerstört.
- Legen Sie Lockköder sofort aus und sammeln Sie die vorhandenen Schnecken ein.
- Geben Sie den Kompost vorher in die Saatrillen (raschere Erwärmung des Bodens).
- Warten Sie den für die Saat richtigen Zeitpunkt ab.
- Quellen Sie die Samen bei Direktsaat vor (raschere Keimung).
- Achten Sie auf die optimalen Keimtemperaturen der einzelnen Gemüsesamen.
- Legen Sie grobkörnige Samen über Nacht ins Wasser bzw. verwenden Sie Saatgutbäder.
- Decken Sie Samen mit Erde und Kompost zu und drücken Sie sie leicht an.
- Die Verwendung von Abdeckfolien und Vlies fördert den Aufgang von Saatgut.
- Abdeckfolien, Vlies, Folientunnel und Frühbeetkasten schützen nicht vor Schnecken.

Schutz der Anzucht und Setzlinge

Es ist unbedingt notwendig, dass man bei den Pflanzterminen auf die spezifischen Erfordernisse der einzelnen Kulturen an Feuchtigkeitsverhältnisse und Bodentemperaturen Rücksicht nimmt. Wenn Jungpflanzen unter ungünstigen Bedingungen gepflanzt werden und nicht von der Stelle kommen, werden sie bald die Beute von hungrigen Schnecken. Vor allem Keimlinge und zarte Jungpflanzen zählen zu den bevorzugten Speisen der Kriechtiere.

KLEINES ABC DER ANZUCHT

- Lagern Sie Anzuchtkistchen vor Gebrauch nicht im Gras.
- Stellen Sie die Jungpflanzen zur Abhärtung nicht auf den offenen Boden.
- Wie beim Säen warten Sie ab, bis der Boden genügend erwärmt ist.
- Pflanzen Sie nur gesunde, robuste, kräftige Setzlinge.
- Verletzen Sie die Pflanzen so wenig wie möglich.
- Gießen Sie das Pflanzloch immer ausreichend.

Nach dem Pflanzengießen, drücken Sie die Setzlinge an und legen Sie eventuell einen Schutzkragen aus Steinmehl oder Algenkalk an, dieser hält Schnecken fern.
Säen oder pflanzen Sie rasch wachsende Köderpflanzen zur Ablenkung zwischen den Saat- bzw. Pflanzenreihen.
Legen Sie gehackte Küchenabfälle oder andere Köder in den Zwischenreihen aus.
Gartenkresse oder Gelbsenf, als Begleitkulturen in Zwischenreihen gesät, tragen dazu bei, dass die Schnecken von empfindlichen Setzlingen abgelenkt werden. Begleitkulturen müssen einige Tage vor dem Ausbringen der Pflanzensetzlinge gesät werden.
Vliesabdeckung fördert die Entwicklung der Setzlinge.
Seien Sie vorsichtig mit gärenden, d. h. stinkenden Jauchen, da diese Schnecken stark anlocken.
Wanderschranken schützen während der ersten kritischen Tage.

Gründüngung

Gründüngung ist ein ganz wesentlicher Beitrag zur nachhaltigen Verbesserung unserer Gartenböden. In schneckengefährdeten Gebieten ist jedoch darauf zu achten, dass durch diese positive Maßnahme für die Bodengesundheit kein Vorteil für die Schnecken entsteht.
Die Schnecken benötigen besonders in den Wintermonaten entsprechende Unterschlupfmöglichkeiten, um die kalte Periode zu überstehen. Eine winterharte Gründüngung ist daher für die Schnecken ideal. Auf schneckengefährdeten Flächen sollen eher abfrostende Gründüngungspflanzen, beispielsweise Phazelia, angebaut werden. Dadurch fällt eine nachhaltige Schutzfunktion für die Tiere weg.
Da der Anbau von Gründüngungspflanzen für die Bodenfruchtbarkeit auch in Kleingärten einen hohen Stellenwert hat, soll man bei Schneckengefahr eine richtige Gründüngung durchführen. Bei extremem „Schneckendruck" kann man den Boden ruhig einmal „offen" überwintern lassen.
Bei Gründüngung ist jedoch auf Folgendes besonders zu achten:

WICHTIG

- Gründüngung nur im Spätsommer säen.
- Bevorzugen Sie nicht-winterharte Pflanzen.
- Phazelia und Weißklee werden von den Schnecken gemieden.
- Bitterlupinen oder Esparsette für Frühlingseinsatz verwenden (diese Pflanzen sind trockenresistent und die Schnecken meiden sie).
- Bei Spätsommereinsaat Alexandriner- oder Perserklee bevorzugen.

Bewässerung

Die richtige Zeit zum Gießen ist der frühe Morgen und der Abend. Als Faustregel gilt: an sonnigen, warmen Tagen nicht nach 10 Uhr und nicht vor 17 Uhr gießen. In von Schnecken gefährdeten Gärten soll man nur in der Früh bewässern. Richtig bewässern heißt also, den Pflanzen am frühen Morgen Wasser zuzuführen; der Schneckenbesatz ist zu diesem Zeitpunkt um bis zu 50 % niedriger.

Das kostbarste und beste Wasser für die Pflanzen ist das Regenwasser. Sinnvoll ist daher, so viel Regenwasser wie möglich zu sammeln, um bei Bedarf davon genug zu haben. Brunnen- oder Leitungswasser ist weniger gut als Gießwasser geeignet.
Es gilt die Empfehlung, so selten wie möglich zu beregnen, dafür aber viel Wasser auf einmal zu verabreichen. Da sich die Hauptwurzelzone der meisten Gemüsepflanzen in einer Tiefe von 20–30 cm befindet, sollte eine normale Wassergabe mindestens 10 bis 20 Liter/m² betragen.
Ca. 95 % ihres Wasserbedarfs nehmen Pflanzen über ihre Wurzeln auf. Wenn man jeden Tag die Fläche beregnet, steigt der Schneckenzustrom sehr stark an.
Einige Gartenbesitzer arbeiten schon mit Tropfbewässerung; das ist nicht nur die sparsamste Form der Wasserzufuhr, sondern schützt die Pflanzen auch vor gewissen Pilzkrankheiten, die häufig nasse Blätter befallen. Da bei dieser Bewässerung die Pflanzen (bzw. Blätter) nicht benetzt werden, konnte geringeres Interesse der gefräßigen Gartenbewohner beobachtet werden.

Mit der Gießkanne ist die Wasserverteilung am effektivsten.

Verwendet man zur künstlichen Wasserzufuhr die üblichen Beregnungsanlagen, ist es wichtig, dass die Beregnung nicht abends durchgeführt wird, denn dadurch verschafft man rechtzeitig einen begehrten Abendtisch für „unsere" Weichtiere.
Beete sollten nicht großflächig überbraust werden; es ist besser, einzelnen Pflanzen mit der Gießkanne Wasser zu geben. Man kann eventuell abends die Umgebung der Beete schwach gießen. Das lockt die Schnecken aus den Gartenbereichen, wodurch sie leicht gesammelt und entfernt werden können.

WICHTIG

- Wann immer möglich, mit der Gießkanne jeder einzelnen Pflanze Wasser zuführen.
- Beregnungsanlage nicht am Abend, sondern am frühen Morgen einschalten.
- Nicht öfters leicht berieseln, sondern auf einmal viel Wasser verabreichen.
- Das Umfeld des Gartens gelegentlich beregnen.

Allgemeine Maßnahmen zur Schneckenregulierung

Wanderschranken

Wanderschranken haben ganz allgemein die Funktion, den Schneckenzustrom zu den gefährdeten Garten- und Nutzflächen zu erschweren bzw. die Schnecken abzulenken. Sie müssen daher zwischen Schlaf- und Fressplatz angelegt werden.

WANDERSCHRANKEN AUS NATÜRLICHEN MATERIALIEN

Wanderschranken aus reinen Pflanzenbeständen sind für die Schnecken nicht attraktiv. Sie können durch das Anlegen von Pflanzenbeständen in Reinkultur oder auch anderen pflanzlichen Materialien hergestellt werden. Als „Rutschbremsen" werden überwiegend Materialien verwendet, welche sehr saugstark sind. Durch das Überkriechen dieser Sperrgürtel wird die Schleimabsonderung der Schnecken stark angeregt. Daher kehren sie meist wieder um. Für die Gemeinen Wegschnecken sind diese Vorkehrungen jedoch meist unzureichend.

Das Material sollte möglichst dick aufgebracht werden. Nach stärkeren Regenfällen muss das Material manchmal erneuert werden. Wichtig ist es auch, das Material sofort aufzurauen, damit es wieder rasch trocknet und als „Rutschbremse" wirken kann.

WANDERSCHRANKEN AUS REINEN PFLANZENBESTÄNDEN

Breite in cm	Methode
Bis 400	Rasen um den Gemüsegarten immer sehr kurz halten, dieser wird besonders in trockenen Perioden nur ungern überquert. Eine Kontrolle ist so leichter möglich.
200–300	Reiner Weißklee *(Trifolium repens)* wird aufgrund der enthaltenen Gerbstoffe von den Schnecken ungern angenommen. Durch die Anlage eines Weißkleegürtels dringen die Schnecken nicht sehr weit in den Bestand ein und kehren dann wieder um. Ein zwei- bis dreimaliger Mähschnitt ist sinnvoll, das Mähgut danach abtransportieren.
100–200	Besonders geeignet sind dafür Gelbsenf (nicht winterhart) und Gartenkresse (winterhart) in Reinkultur. Schnecken werden durch diese Kulturen stark angelockt und man kann sie so leicht absammeln. Diese Pflanzenarten eignen sich auch als Begleitkulturen in Zwischenreihen im Garten, da sie dadurch die Schnecken von den begehrten Setzlingen ablenken (die Streifenbreite beträgt so wesentlich weniger). Die Aussaat ist etliche Tage bevor man die Setzlinge ausbringt, zu erledigen.

WANDERSCHRANKEN AUS ANDEREN MATERIALIEN

Breite in cm	Methode
100–150	Baumrinde, besonders Eichenrinde oder gehäckselter Thujenschnitt, wird von den Schnecken nur ungern überkrochen.
50–100	Sägemehl, gehäckseltes Schilf, Farnkraut, Fichtennadeln, Getreidespreu, ca. 5 bis 10 cm dick aufbringen, günstig wirkt sich die Verwendung einer Unterlagsfolie (verhindert Durchwuchs) aus. Dies ist besonders zu empfehlen, wenn der Schutzstreifen auf einer kurz geschnittenen Grasfläche errichtet werden soll. Durch die Folie gelangt auch keine Feuchte vom Boden in das Material. Solche Maßnahmen erhöhen entscheidend die Wirksamkeit. Durch Regen oder starken Tau verlieren diese Hindernisse sehr schnell ihre abschreckende Wirkung. Es ist daher notwendig, feuchtes oder nasses Material aufzulockern, damit es rasch trocknet und die gewünschte Wirkung wieder gegeben ist.
15–30	Z. B. Kohlensaurer Kalk. Hier soll unbedingt ein ca. 30 cm breiter Streifen als Einzelgürtel angelegt werden. Auch dieses Mittel verliert nach Regen oder starkem Tau seine positive Wirkung. Die Sperrstreifen müssen daher immer wieder erneuert werden. Sie sind auch so anzulegen, dass die Schnecken gezwungen werden, über die Sperren zu kriechen, wenn sie zum Gemüse wollen. Für die Ausbringung von Kalk eignet sich ein Kalkstreukübel. Bei einem solchen wird mit einem 6-bis-8-mm-Bohrer der Boden von innen nach außen siebartig durchlöchert. Der Kübel wird bis zur Hälfte mit Kalk gefüllt und verschlossen. Der eingefüllte Kalk rieselt durch leichte Rüttelbewegung auf den Boden und bildet ein gleichmäßiges, ca. 30 bis 50 cm breites Kalkband.
10–20	Fein zerkleinerte Eierschalen (ungekochte Eier verwenden) ausstreuen (günstig bei zunehmenden Mond- und an Skorpiontagen). Der Sperrgürtel kann rund um die Gartenfläche ca. 1 cm hoch angelegt werden.
10–15	Z. B. Holzasche, Steinmehl, Algenkalk-Streifen, 1 bis 3 cm hoch. Dieser Gürtel ist sorgfältig um gefährdete Kulturen anzulegen. Diese Methode hilft nur bei trockener Witterung. Kristallines Kupfersulfat kann ebenfalls auf unbewachsenem Boden gestreut werden, wobei die Aufwandsmenge eher gering ist. Dieses Mittel ist gut regenbeständig.
4–5	„Schneckenstopp" Naturrein, einen 4 bis 5 cm breiten Streifen um die zu schützenden Bereiche anlegen; das Mittel besteht aus Eierschalen, Zucker und Magnesiumsalzen. Eine Beständigkeit dieses „Schneckenzauns" soll je nach Niederschlägen ca. 4 Wochen dauern. Eine nennenswerte Wirkung gegen die Zuwanderung von Gemeinen Wegschnecken ist jedoch kaum gegeben.

MECHANISCHE WANDERSCHRANKEN

Mechanische Barrieren haben eine lange Haltbarkeit. Es ist immer darauf zu achten, dass die Zäune die ganze zu schützende Fläche umschließen. Die Zäune werden erfolgreich als unüberwindbare Schranken gegen Schneckenzuwanderung eingesetzt. Es gibt verschiedene Zauntypen, z. B. sind bei den käuflich erhältlichen Blechzäunen oft nur entsprechende Elemente zusammenzusetzen. Wer handwerklich geschickt ist, kann Zäune selbst bauen.

Die Blechzäune eignen sich sehr gut zum Schutz wertvoller Pflanzen und Kulturen. Diese werden ca. 10 cm tief in den Boden versenkt und ragen etwa 10 bis 15 cm aus dem Erdboden, die Oberkante muss im Winkel von etwa 45° nach außen gebogen sein. Es gibt auch Schneckenzäune aus Kunststoff oder einem dichten Drahtgeflecht. Die Einzelteile werden nahtlos um das Beet gesteckt. Die mechanischen Wanderschranken sind gelegentlich auf ihre Funktionstüchtigkeit zu überprüfen.

Schneckenzäune, richtig montiert und gewartet, bieten einen guten Schutz gegen zuwandernde Tiere. Damit ist zwar das Problem innerhalb der eingezäunten Fläche gelöst, wenn man innerhalb des eingezäunten Feldes die Weichtiere dann auch einsammelt. Mit diesen mechanischen Maßnahmen errichte ich eigentlich eine „Umfahrung" der Schneckenströme. Ich muss daher außerhalb dieser technischen Einrichtungen die Schnecken durch gezielte Strategien in den Griff bekommen. Nur so ist garantiert, dass eine Reduzierung auf ein erträgliches Maß nachhaltig erfolgen kann.

Schneckenzäune verhindern sehr wirkungsvoll die Einwanderung großer Schnecken. An typischen Einwanderungslagen (z. B. zwischen Wiese und Gemüsebeet) kann deshalb die Errichtung eines Schneckenzaunes sinnvoll sein. Der Zaun wirkt nur in Kombination mit anderen Maßnahmen, welche die bereits vorhandenen Schnecken dezimieren (z. B. Laufenten, Bierfallen). Schneckenzäune werden vor allem zum Schutz von Anzuchtbeeten und Ähnlichem eingesetzt. Für ganze Felder ist die Errichtung von Schneckenzäunen zu teuer und zu aufwendig.

Bei den Schneckenzäunen muss darauf geachtet werden, dass nicht durch hochwachsende Pflanzen eine „Brücke" entsteht, die es den Schnecken leicht macht, das Hindernis zu überqueren.

Der schönste Schneckenzaun für den Hausgarten ist vergebens, wenn nicht alle „miteingezäunten" Schnecken abgesammelt werden.

Elektrische Schneckenzäune schützen den Garten vor Schneckenzuwanderung.

GÄNGIGE SCHNECKENZÄUNE

a) Glatte Kupferbleche oder verzinkte Bleche (ca. 0,8 mm stark)
b) Glatte Drahtgitter (Maschenweite max. 2 bis 3 mm)
c) Elektrozäune

Diese sind käuflich zu erwerben, Bastler können diese Abwehrschranken jedoch auch durchaus selbst herstellen. Mit Hilfe von Strom werden die Plagegeister von Gemüse und Kräutern ferngehalten. Als Stromquelle dient entweder eine alte Autobatterie oder besser ein Stromanschluss; durch einen Transformator wird auf 8 oder 12 Volt heruntertransformiert. Diese Spannung ist für Menschen nicht gefährlich. Die Schnecken verlassen durch den Stromschlag wieder den Zaun und kehren meist auch nicht mehr zurück.

Eine ständige Kontrolle außerhalb des Zauns bezüglich vorhandener Schnecken ist unbedingt erforderlich!

Anleitung für einen Schneckenzaun

Schneckenzäune müssen dicht sein.

Kupfer – ein wichtiges Metall für den Garten

Kupfer ist ein rotes, glänzendes, weiches, aber sehr zähes Metall und nach Silber der beste Leiter für Elektrizität und Wärme. An der Luft oxidiert Kupfer langsam; an feuchter, kohlensäurehaltiger Luft oxidiert es zu grünlichem basischem Kupferkarbonat (Patina). Kupfermangel in den Böden kann zu verschiedenen Pflanzen- und Tierkrankheiten führen.

Der österreichische Biotechniker Viktor Schauberger (1885–1958), der sich als einer der ersten Naturforscher intensiv mit der Wasserforschung und Land- und Forstwirtschaft beschäftigte, setzte sich auch mit dem Einsatz von Kupfergeräten auseinander. Er stellte dabei fest, dass Kupfer im Gegensatz zu Eisen magnetische Spannungen im Boden nicht beeinflusst. Der Vorteil des Kupfers liegt daher in seiner nichtmagnetischen Eigenschaft. Bei der Bearbeitung mit Kupfergeräten entstehen keine elektrischen Ströme. Dadurch unterbleibt die wasserentziehende elektrolytische Wirkung, dies ist der große Vorteil gegenüber Eisenwerkzeugen. Bei deren mechanischen Benützung entsteht Eisenabrieb, dieser beeinflusst die Speicherfähigkeit von Wasser im Boden negativ.

So kamen in den vergangenen Jahren auch im Gartenbereich immer stärker Gartengeräte mit Kupferlegierung zum Einsatz. Diese Geräte sind zwar höherpreisig, haben jedoch den Vorteil, dass sie allgemein zur Bodenverbesserung beitragen. Sie sind auch leichter in der Handhabung. Weiters erfolgt keine Rostbildung, es ist keine spezielle Pflege erforderlich und die Geräte besitzen zudem eine längere Haltbarkeit als Geräte aus Eisen.

Vor etwa 10 Jahren hat in der internationalen Gartenpresse (von England ausgehend) eine viel beachtete Meldung die Runde gemacht, die folgenden Inhalt hatte: Durch die Verwendung von Kupferringen und Kupferbändern kann man die gefräßigen Nacktschnecken daran hindern, die schneckengefährdeten Gartenpflanzen zu fressen.

Mit viel Hoffnung habe ich mir diese Kupferringe aus London besorgt und in Versuch genommen. Leider konnten die angepriesenen technischen Hoffnungsträger die Erwartungen nicht erfüllen. Um sicherzugehen, habe ich mir vom örtlichen Spenglereiunternehmen ebenfalls solche Kupferringe anfertigen lassen. Das Ergebnis war ebenfalls negativ.

Wenn die Schnecken das geeignete Futter wahrnehmen, machen sie vor Kupferringen nicht halt.

Hochbeete

Hochbeete sind keine Erfindung unserer jüngeren Zeit. Sie wurden in den letzten Jahren bei uns als neue Errungenschaft zur bequemeren Gartenarbeit forciert. Dabei ist das Hochbeet eine uralte Kulturtechnik. Die Erfinder waren die Chinesen, die bereits vor etwa 4.000 Jahren in erhöhten Beeten ihr Gemüse kultiviert haben. Alle sesshaften indigenen Völker in Amerika kultivierten ihr Gemüse mit erhöhten Beeten. Heute haben viele Gartenbesitzer neben dem normalen Gemüsegarten auch ein oder mehrere Hochbeete. Hochbeete werden auch geschätzt, wenn wenig Fläche zur Verfügung steht. In den letzten Jahrzehnten hielten die Hochbeete Einzug in Krankenhäusern, Seniorenheimen, Rehabilitationsanstalten und Werkstätten für Menschen mit Beeinträchtigung. Man hat die enorme Wichtigkeit der Gartentherapie entdeckt, die sehr wesentlich zur Gesundung der betroffenen Menschen beitragen kann. Die Gartentherapie ist eine Beziehung zwischen Mensch und Natur. Ein blühender Garten steckt voller Leben und schickt jeden auf eine fantastische Sinnesreise. Der Aufenthalt an der frischen Luft tut ein Übriges, um den Kreislauf anzuregen und die Stimmung aufzuhellen.

Manche Gartenbesitzer glauben, dass mit einem Hochbeet auch ein mögliches Schneckenproblem gelöst ist. Dies ist jedoch ein Irrtum. Es ist daher notwendig, beispielsweise einen Schneckenzaun am Hochbeet anzubringen. Einige Firmen bieten Hochbeete bereits mit fix montierten Schutzvorrichtungen an. An schneckengefährdeten Stellen könnte man um das Hochbeet ein Lockmittel aufstellen oder einige Schneckenkörner streuen.

Auch Hochbeete benötigen oft einen Schneckenschutz.

Der Schneckenschutz sollte immer frei von Aufstiegshilfen sein.

> „Es gibt eine Kraft aus der Ewigkeit und diese Kraft ist Grün."
> Hildegard von Bingen (1098–1179)

Anlocken und fangen

In einem alten Gartenbuch von 1906 steht bereits zu lesen, man möge, wenn man Schnecken im Garten hat, einige Male nachts mit Laterne durch den Garten gehen und die vorhandenen Tiere einsammeln und anschließend vernichten. Können Sie sich das heute vorstellen, 2- bis 5-mal pro Nacht durch den Garten zu spazieren und besonders an den Köderstellen die Nachtschwärmer einzufangen? Dies mag vielleicht Menschen Spaß machen und für sie Romantik bedeuten, welche am nächsten Tag etwas länger Zeit haben, sich auszuruhen. Es gibt aber kaum Menschen, denen diese Art des „Schneckensammelns" Freude bereitet.

Durch die Verwendung einer Schneckenfalle, die man ausschließlich im Selbstbau machen kann, hat das ständige „Köder-kontrollieren-Müssen" ein Ende. Einige Fallen werden im Garten an Stellen, die den Schnecken als „Schlafplatz" dienen, errichtet. Fallen, in der Nähe des Kompostes gestellt, ersparen das lästige Suchen nach vorhandenen Schnecken.

> **Bevorzugte Plätze für die Eiablage:**
> Unter Brettern, in Erdspalten auf dem Gemüsebeet, unter Trittsteinen auf Wegen oder anderen Steinen und Ziegeln, Regenwurmröhren, unter dickem, verfilztem Mulch.

Schnecken orientieren sich mit dem Geruchssinn, zahlreiche Versuche bestätigen dies immer wieder. Es hat sich daher als sehr vorteilhaft herausgestellt, die Weichtiere durch das Auslegen von Ködermitteln anzulocken. Da Schnecken nur relativ kurz an den Leckerbissen verweilen, ist ständige Kontrolle notwendig, damit man die Schnecken rechtzeitig sammeln kann, bevor sie sich wieder „verabschieden". Die Köderherstellung ist eine sehr einfache, billige Maßnahme. Mit Ködern auf Schneckenfang zu gehen, ist auch eine alte, bewährte Methode. Es soll besonders darauf geachtet werden, dass Köder immer dort ausgelegt werden, wo sich die Schnecken gerne aufhalten.

Besonders bewährt hat sich das Anlegen künstlicher Schlafstellen. Die Kontrolle ist besonders leicht, da man nur tagsüber Nachschau halten muss und vorhandene Schnecken einsammeln kann. Frei ausgelegte Köderstellen sollten mehrmals vorwiegend abends und in der Früh kontrolliert werden.

- Geeignete Ködermittel, z. B. 100 g Katzen-/Hundetrockenfutter (mit Wasser verrühren) – abgeschnittene Grünpflanzen (z. B. Löwenzahn) – gehackte Küchenabfälle – Orangenschalen – Holunderblätter – Kartoffelhälften, besonders empfehlenswert ist angefeuchtete Roggen- bzw. Weizenkleie.
- Köderhäufchen dürfen nicht zu weit auseinanderliegen – 1 Köderhäufchen auf 1 bis 2 m².
- Da sich die Schnecken oft nicht länger als ½ bis 1 Stunde am ausgelegten Köder aufhalten, sollte in diesen Zeitabständen eine Kontrolle erfolgen und vorhandene Tiere abgesammelt werden. Wird dies nicht vorgenommen, „bedanken" sich die Schnecken für das bereitgestellte Menü.
- Systematisches, händisches Einsammeln ist sehr zeitaufwendig und muss konsequent betrieben werden. Ist dies jedoch der Fall, ist diese Methode bei großem Schneckenbefall sehr effektiv. Ködern und fangen Sie nicht nur nach einem warmen Regen!

- Bierfallen sind keine Wundermittel, haben aber einen starken „Restauranteffekt". Man füllt einen großen Plastikbecher zu ¾ mit Bier und gräbt ihn so ein, dass er noch einige Zentimeter herausragt. Günstig ist es, durch 3 bis 4 u-förmige Ausschnitte Schlupflöcher als Zuwanderungsmöglichkeiten zu schaffen. Vorteilhaft ist die Verwendung von Bierfallen in bereits mit einem Schneckenzaun geschützten Garten. Alkoholfreies Bier oder Malzbier lockt die Kriechtiere nicht an, wohl aber beispielsweise Weizenbier. Bierfallen immer dort zuerst aufstellen, wo bereits verstärkt Schnecken auftreten. Die Bierfallen sind öfters zu kontrollieren, wenn nötig zu entleeren und mit neuem Gerstensaft zu füllen.
- Der Gartenzubehörhandel bietet ebenfalls eine große Anzahl von verschiedenen Fallen an. Diese kann man mit Bier oder anderen Lockstoffen befüllen.
- Schnecken-Lockfallen bei feuchtem Wetter oder gegen Abend im Garten verteilen. Die dort anzutreffenden Schnecken lassen sich einfach entfernen und beseitigen. Sie sind nicht störend, da die Fallen meistens im Boden versenkt werden. Das Angebot im Fachhandel ist sehr groß. Die in den Produktbeschreibungen versprochene Wirkung trifft jedoch nicht immer zu.
- Bretter (günstig sind ältere, morsche Bretter) als Trittwege zwischen den Beeten, flache Steine, feuchte Säcke, große Kohl- oder Rhabarberblätter als Unterschlupf anbieten und darunter frühmorgens oder abends die Schnecken absammeln.
- Umgestülpte Blumentöpfe, Drainagerohre, alte Tonziegel, große Gemüseblätter auslegen – diese dienen ebenfalls als Unterschlupf, Kontrollieren nicht vergessen.
- Das Anlegen von künstlichen Schlafplätzen und die ständige Kontrolle soll ganzjährig, besonders aber während der frostfreien Zeit erfolgen.
- Der Erfolg von angelegten Schlafplätzen wird durch zusätzlichen Einsatz von Lockmitteln verbessert. Künstliche Schlafplätze sollten an besonders feuchten Stellen im Garten angelegt werden.

Lockfallen, gekauft und selbst angefertigt

Lockschale mit angefeuchteter Roggenkleie schmeckt auch Nützlingen.

Bier und Roggenkleie erfolgreich eingesetzt

- Durch Auslegen von Holunderzweigen in gefährdeten Gemüsekulturen werden Schnecken durch den Geruch stark angelockt und können so abgesammelt werden.
- Frischer Mulch aus Beinwell ist eine ausgezeichnete Falle für Nacktschnecken. Er dient ihnen als Versteck, wodurch man sie leicht sammeln und eliminieren kann.
- Durch das Anlegen von V-förmigen (30 cm x 15 cm x 15 cm) Erdspalten mit Abschluss (Pflanzenmaterialien) ab August/September kann man Schnecken zur Eiablage anlocken. Vorhandene Eigelege trocknen nach der Freilegung sofort aus und haben dann keine Bedeutung für die Vermehrung.

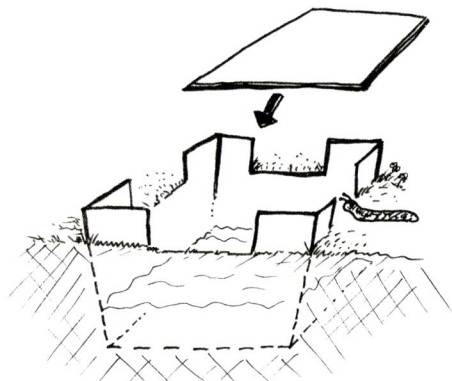

Bierfalle mit Deckelabschluss

Morsche Bretter werden gerne als Unterschlupf aufgesucht.

Angewelkte Holunderblätter „ziehen" Schnecken an.

Kalkstreukübel – Löcher von innen nach außen bohren

Allgemeine Maßnahmen zur Schneckenregulierung

SCHNECKENFALLE MIT KUPFERSULFAT

Biobetriebe sollen Rücksprache mit der Biokontrollstelle nehmen!

Kurzbeschreibung

Eine Spanplatte nach individuellen Maßen soll beidseitig beschichtet, also glatt sein. Sie ist dadurch beständiger gegen Bodenfeuchte und erleichtert auch das Hinkriechen der Tiere zur Köderstelle. Mit dem Sperrgürtel erst ca. 5 bis 7 cm innerhalb des Außenrandes beginnen. Als Sperrgürtel verwendet man kristallines, eventuell etwas zerkleinertes Kupfersulfat. Man streut einen maximal 5 cm breiten Streifen auf die Bodenplatte. Verwendet man Branntkalk, soll der Sperrgürtel ca. 10 cm breit sein. Ins Innere dieser Abwehrzone legt man entsprechende Köder. Am besten eignen sich Holunderblätter, angefeuchtete Weizenkleie oder Kartoffelscheiben. Ist die Bodenplatte fertig, setzt man an den vier Ecken je einen Abstandhalter (Höhe ca. 5 bis 7 cm) auf und gibt auf diese eine regendichte Abdeckplatte. Günstig ist es, wenn diese Abdeckplatte die Bodenplatte einige cm überragt.

Vorteile

Regen und Trockenheit können den Ködern nichts anhaben, dadurch ist eine längere Wirkung gegeben.
Auf dem Sperrgürtel kriechende Tiere beginnen Schleim (Wasser) abzusondern und verenden kurz danach.
Eine Kontrolle kann tagsüber gemacht werden. Wenn bereits viele tote Tiere vorhanden sind, kann man diese mit einer Spachtel entfernen. Tote Tiere und Kupfersulfat-Reste gehören in die Mülltonne.
Der Geld- und Arbeitsaufwand ist gering, der Erfolg jedoch groß.

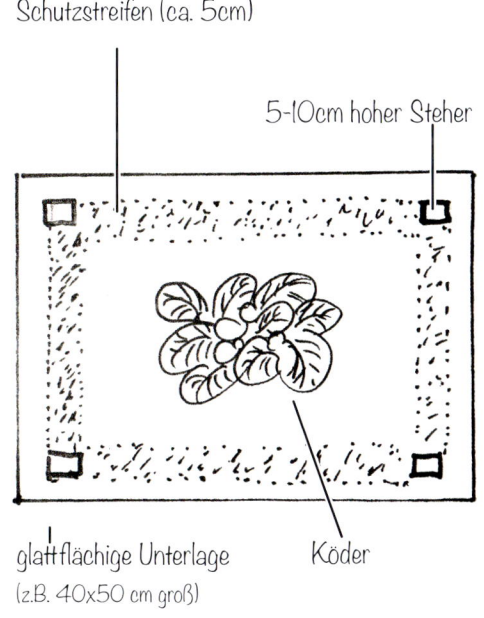

Fertige Köderfalle

Was macht man mit den gesammelten Schnecken?

Der Bio-Tod ist eine Illusion. Jeder Tod verursacht Angst, Schmerz und Leid. Diese Gegebenheiten soll man auch bei der Regulierung von Schnecken berücksichtigen. Es ist daher von brutalen Methoden abzuraten.

- Gefangene Schnecken mit Kalk abzutöten, ist wohl die qualvollste Art, sich der Tiere zu entledigen.
- Die „beliebteste" Tötungsmethode mit Salz, die zur langsamen Entwässerung der Tiere führt, ist ebenfalls extrem qualvoll und daher nicht zu empfehlen.
- Tiere in einem geschlossenen Plastiksackerl dem Erstickungstod zu überlassen, ist eines umweltbewussten Gärtners ebenfalls nicht würdig.
- Zerstückelte Schnecken (z. B. mit Messer, Schere, Spaten) sollen nicht liegen gelassen werden, da dadurch andere Schnecken sehr stark angelockt werden.
- In einer Lösung von ca. 75 % Essig und ca. 25 % Wasser verenden die Schnecken sofort. Wenn das Gefäß voll ist, über den Kompost entsorgen. Diese Methode ist vorteilhaft, da durch den Essig eine rasche Vergärung verhindert wird. Dadurch ist es möglich, das Gefäß längere Zeit zu verwenden.
- Ein rascher Tod ist gewährleistet durch das Überbrühen der gesammelten Tiere mit kochendem Wasser, die getöteten Tiere kann man auf den Kompost geben. Damit alle Schnecken gleichzeitig mit dem kochenden Wasser erfasst werden, soll das Gefäß nicht höher als 5 bis 7 cm befüllt werden.
- Gesammelte Tiere wieder der Natur zurückgeben, eventuell in den Wald bringen. Allerdings warnen einige Ökologen, dass die einheimische Rote Wegschnecke *(Arion rufus)* dadurch zurückgedrängt werden könnte. Bislang hat jedoch keine wissenschaftliche Untersuchung Beweise dafür liefern können, dass die Rote Wegschnecke dadurch in ihrem Lebensraum Schaden erleidet. Es scheint so, dass die Gemeine Wegschnecke und die Rote Wegschnecke ohne jede Konkurrenz miteinander auskommen.
- Aufgelesene Schnecken in ein Plastiksackerl geben, anschließend einfrieren. Diese Lösung ist eigentlich der Natur nachempfunden. Durch hohe Minusgrade mehrere Tage hindurch stellen die Schnecken ihre Lebenstätigkeit ein und sterben ab. Danach über die Restmülltonne entsorgen.

Gesammelte Tiere werden in eine Essig-Wasserlösung gegeben.

Abwehrmittel

Die Palette von Abwehrmitteln ist sehr umfangreich. Es ist immer auf die richtige Herstellung und Anwendung zu achten, um den gewünschten Erfolg zu erzielen, besonders nach starkem Regen lässt die Wirkung deutlich nach.

Abwehrmittel müssen meist öfters eingesetzt und erneuert werden. Die freigesetzten Gerüche der Abwehrmittel wirken abweisend auf die Schnecken. Das Motto lautet also: „Düfte statt Gifte!"

Die Ausgaben für Schneckenmittel zur Verhinderung von Fraßschäden werden von Jahr zu Jahr größer. Die Industrie verführt uns mit großen Versprechungen und schönen, bunten Werbeprospekten und -einschaltungen meist nur in eine „Scheinwelt". Jedes Mittel wird als unübertroffen dargestellt. Der Schneckengeplagte macht dann meistens den Fehler, dubiosen Werbeversprechungen Glauben zu schenken, und gibt dann dafür unnütz Geld aus und ist anschließend über den ausbleibenden Erfolg bitter enttäuscht. Es ist daher sehr vorteilhaft, sich immer ausführlich und objektiv zu informieren und, wenn möglich, auch selbst Kleinversuche anzulegen. Diese Arbeit ist nicht sehr arbeitsaufwendig und schwierig und kann uns späteren Ärger ersparen.

Ein vielbeworbenes Mittel verspricht Pflanzen vor Schneckenfraß sicher zu schützen, indem man es breitwürfig oder als Sperrgürtel aufbringt. Für einen solchen Versuch reicht eine Fläche von 1x1 m. Wenn es notwendig wäre, sind mehrere solcher Kontrollstellen anzulegen. Im Außenbereich wird das Mittel laut Anleitung aufgetragen und ins Innere wird in kleineren Mengen Lockfutter gegeben. Die Kontrollstelle soll auf einem unbewachsenen Boden erfolgen; alternativ kann man auch eine entsprechende Unterlage, die den bewachsenen Boden abdeckt, verwenden. So können Sie abends oder morgens leicht beobachten, ob der „unüberwindliche" Sperrgürtel tatsächlich das hält, was im Prospekt versprochen wird, oder ob dieser nur eine aufgeplusterte Werbeansage ist.

Auch ein Verbotszeichen macht den Sperrgürtel nicht unüberwindbar.

Durch einen Kleinversuch ist es leicht feststellbar, ob ein Mittel Wirkung hat oder nicht.

ADLERFARNAUSZUG

Der bekannte Adlerfarn vermehrt sich durch seinen lang kriechenden Wurzelstock sehr stark, deshalb kommt er häufig in großen Beständen vor. Der Adlerfarn trägt seinen Namen, da seine Wedel an die Krallen eines Adlers erinnern.

Für den Auszug werden die Blätter (Farnwedel) verwendet. Auf 10 Liter Regenwasser kommen 1 kg frische oder 100 g getrocknete Blätter.

Danach lässt man die Mischung unter öfterem Umrühren gären. Farnkraut sammelt man, bevor die Sporenbehälter sich öffnen, das bedeutet also vor Herbstbeginn.

Der Adlerfarnauszug wird unverdünnt gegen Schnecken und Drahtwürmer (wenn er ausschließlich auf den Boden gelangt) und 1 : 10 verdünnt gegen Blattläuse und Schildläuse eingesetzt.

WURMFARNAUSZUG

Der Wurmfarn ist besonders in der Nähe von Gräben, Quellen und Bächen bis in alpine Lagen anzutreffen. Zur Ernte sollen die Farnwedel bereits voll entwickelt sein. Günstige Erntetermine sind zwischen Juni und September. Es kann der Wedel des Wurmfarns und auch die Wurzel verwendet werden. Beide Substanzen wirken auf Schnecken abschreckend. Herstellung siehe Adlerfarnauszug. Der Wurmfarnauszug wirkt auch gegen Blutläuse und Schildläuse. Wird nur ein 3-tägiger Kaltwasserauszug hergestellt, so ist dieser unverdünnt einsetzbar. Wurmfarnauszug ist bei ungenauer Dosierung giftig und kam früher in der Tiermedizin gegen Würmer zum Einsatz.

RHABARBERJAUCHE

Rhabarberjauche unverdünnt vorsichtig zwischen die Reihen gießen, Reihenabstand soll genügend groß sein (hinterlässt weißen, schleimigen Belag). Nach Regen lässt die Wirkung stark nach, wie auch bei anderen Jauchen. Es ist daher eine Neubehandlung erforderlich.

RHABARBERBLÄTTERTEE

Ein solcher Tee kann auf 5 % verdünnt auch gegen Nacktschnecken eingesetzt werden. Es ist auch möglich, einen kalten Auszug herzustellen (2 kg Blätter in 10 Litern Wasser 24 Stunden ziehen lassen, abseihen und unverdünnt spritzen).

TOMATENJAUCHE

1 kg Tomatenblätter (z. B. Geiztriebe) auf 10 Liter Wasser ca. 2 bis 3 Tage gären lassen und danach um gefährdete Pflanzen 1 : 2 verdünnt aufbringen.

WERMUTAUSZUG

Die Wermutabkochung schreckt nicht nur Nacktschnecken ab, sondern auch Erdflöhe, Blattläuse, Kohlweißlinge, um nur einige zu nennen. Sie wird zwei- bis dreimal innerhalb von wenigen Tagen gespritzt. Rezept: 100 g trockenes oder 300 g frisches Kraut ca. 5 Minuten in 4 Litern Wasser kochen, danach auf 40 Liter verdünnen und ausbringen.

WEINRAUTEJAUCHE
800 g Weinrauteblätter (vor der Blüte) in 10 Liter Wasser ansetzen und 10 Tage stehen lassen. Danach wird die Jauche auf ca. 20 % verdünnt und als Abwehrmittel gegen Nacktschnecken versprüht.

BEGONIENAUSZUG
Blätter und Blüten zerkleinern und 1 kg in 10 Liter Wasser geben, ca. 2 bis 4 Stunden ansetzen. Die Pflanzen sind vor dem Setzen in diesen Auszug einzutauchen oder gründlich damit zu gießen.

LAVENDEL-/SCHWARZE-JOHANNISBEERENAUSZUG
Lavendel und Blätter der Schwarzen Johannisbeere, frisch oder getrocknet, zu gleichen Teilen als Kaltwasserauszug (wenn möglich Regenwasser) 1 bis 2 Tage ansetzen. Danach unverdünnt oder 1 : 1 verdünnt versprühen.

LAVENDELDÜFTE
2 l Wasser, ¼ l Obstessig, etwa 10 g Lavendelöl fein auf Pflanzen/Boden versprühen, öfters wieder holen, eignet sich besonders gut zur Schneckenabwehr. Diese Mischung möglichst am Abend, wenn die Sonne nicht mehr scheint, ausbringen.

TANNENZAPFENSUD
0,5 bis 1 kg Tannenzapfen 24 Stunden in Wasser einweichen, Ansatz aufkochen und etwa eine ½ Stunde lang sieden lassen. Nach Abkühlung die Tannenzapfen entfernen, der fertige, harzige Sud wird um die Pflanzen gegossen.

SCHNECKEN-GRANULAT
Dieses Mittel ist eher nur für kleine Bereiche, also für Hobbygärtner, geeignet. Es wirkt als Duftbarriere gegen Schneckenzuwanderung. Es besteht aus porösen Lavasteinchen, versetzt mit ätherischen Ölen und somit abweisenden Duftstoffen. Die Lavasteinchen kann man rings um die zu schützenden Bereiche auslegen, aber auch auf der Fläche breitflächig ausstreuen. Wird das Schneckenmittel zum Schutz einzelner Pflanzen verwendet, sind die Körnchen in Abständen von 5 cm zu verteilen. Nach ca. 3 Wochen lässt die Wirkung nach und es sollte, falls erforderlich, eine Neuausbringung erfolgen. Bei diesem Produkt waren die Testergebnisse sehr gut.

SCHNEXAGON
Schnexagon ist ein ganz neues Mittel (2016) und besteht aus einem Material, an dem die Schnecken nicht haften können. Dieses Anstrichmittel wird auf einer senkrechten Oberfläche ca. 10 cm breit mit einem Pinsel aufgetragen. Geeignet für senkrechte Beetumrandungen, aber auch für Pflanzgefäße, Hochbeete oder Terrassen.
Der Anstrich ist begrenzt witterungsbeständig und daher nach Regen wieder zu erneuern, damit die Wirkung bestehen bleibt.

ANTISCHNECKEN-GEL

Antischnecken-Gel besteht aus einer seifenartigen Flüssigkeit und ist farb- und geruchlos. Es wird unverdünnt aus einer Pinselflasche auf die Beeteinfassungen in 4–5 cm breiten Streifen aufgetragen. Der Belag ist regenfest, sobald er angetrocknet ist. Jede Anwendung ist bis zu 2 Wochen wirksam.

SCHNECKENABWEHR-PASTE

Die Schneckenabwehr-Paste kann leicht mit dem Pinsel auf Beeteinfassungen oder sonstigen festen Untergrund aufgetragen und verarbeitet werden. Die Bandbreite soll 4–5 cm betragen. Das Mittel besteht aus natürlichen Abwehrstoffen, ist bei trockenem und nassem Wetter wirksam und hält einige Wochen.

MULCHEN

Beete mit Farnkraut, Fichtennadeln, gehäckseltem Stroh oder Gerstenspreu abdecken. Die Mulchstärke soll zwischen 5 bis 10 cm betragen. Je feuchter die Witterung, desto niedriger die Mulchdecke.

TERRAFIT

Terrafit ist ein neues Feuchtmulchsystem im Gartenbau. In Versuchen zeigt sich, dass beispielsweise Salatpflanzen, welche mit Terrafit gemulcht wurden, einen wesentlich geringeren Schneckenbesatz aufweisen als jene Salatbeete, die nicht gemulcht wurden.

CARTALIT

Cartalit ist ein rein organisches Bodenbedeckungsmittel mit düngender Nebenwirkung. Es schützt vor Sonnenbestrahlung und Schlagregen. Das Produkt besteht überwiegend aus Tabakrippen und Schilfhalmen. Diese Materialien werden von Schnecken nur ungern überquert.

Salat unbehandelt und mit Kaffeeextrakt behandelt

Salat unbehandelt und mit Moosextrakt behandelt

Lebermoos

Kermesbeere ist eine ausdauernde, krautige Pflanze.

SCHNECKENSCHRECK

a) Dieses Mittel ist ein reines Naturprodukt, dessen Hauptbestandteile geriebene Tabakrippen und Urgesteinsmehl bzw. Lavagrus sind. Anwendung: Ein ca. 5 cm breiter Streifen muss um die zu schützenden Beete bzw. Pflanzen gestreut werden. Beim Gießen ist Vorsicht geboten – der Schutzstreifen sollte möglichst nicht benetzt werden. Das Mittel hat nur eine mäßige Regenbeständigkeit.
b) Seit einigen Jahren wird auch ein anderes Mittel unter dem Namen Schneckenschreck zur Abwehr von Schnecken beworben. Dies ist ein Abfallprodukt aus der Weintraubenkerngewinnung. Das bei der Reinigung der Kerne anfallende Fruchtfleisch wird getrocknet und soll als entsprechend breite und hohe Barriere Schnecken an dem Zuzug im Garten hindern. Das Traubenmehl soll auch düngende Wirkung haben. Selbst angelegte Versuche waren nicht sehr überzeugend.

ORIGINAL NATÜRLICHE SCHNECKENBARRIERE

Diese Barriere ist angeblich ein rein pflanzliches Produkt. Dadurch ist sie natürlich, umweltfreundlich und nachhaltig und für den biologischen Hausgarten bestens geeignet, so lautet der aufmunternde Werbetext. Diese hoch gelobte Schneckenbarriere wurde genau nach Anleitung in Versuch gestellt. Das Ergebnis war ernüchternd: Nicht nur, dass die Schnecken nicht an der Aufnahme von Köderpflanzen gehindert wurden, nein, sie labten sich auch an der errichteten Barriere genüsslich. Wenig nützlich ist auch der Hinweis, die Barriere trocken zu halten. Normalerweise ist die Hauptaktivität der Schnecken bei Tau oder nach Regen.

KAFFEE

Mit gewöhnlichem Kaffee lassen sich Schnecken aus dem Garten vertreiben, berichten amerikanische Forscher. Auf Erde und Blätter von Pflanzen aufgebracht, reichten schon geringe Mengen einer Kaffeelösung (Kaffeeextrakt), um die Tiere abzutöten oder wenigstens vom Fressen abzuhalten. Die Ursache dafür ist das Koffein, das angeblich wie ein Nervengift wirkt. Nach Regen ist erneut Kaffee auszubringen. Salatpflanzen sollen nicht direkt besprüht werden, da es zu Blattverfärbungen kommen kann. Am besten eignet sich Filterkaffee, da dieser einen höheren Koffeingehalt (ca. 0,1 %) aufweist. Es ist auch möglich, Kaffeesud ringförmig um die gefährdeten Pflanzen zu streuen. Die Erfahrungen über die Wirksamkeit dieser Methode sind sehr unterschiedlich.

MOOSEXTRAKT

Moosextrakte haben nach Untersuchungen der Universität Bonn nicht nur eine gute pilzliche Wirkung, sondern halten auch die Schnecken von unseren Kulturen fern. Es gibt im Handel fertige Moosextrakte (Lebermoos). Es ist jedoch auch möglich, das Moosextrakt selbst herzustellen. Rezeptur: 4 g getrocknetes Moospulver plus 70 ml kosmetisches Basiswasser (90 % Alkohol) plus 25 ml Wasser. Diese Mixtur gut verrühren und 3 Tage abgedeckt stehen lassen. Pro Liter Sprüh- oder Gießwasser werden jeweils 5 ml Moosextrakt zugesetzt. Es ist auch möglich, eine 5-%-Lösung herzustellen, dafür nimmt man 50 g trockenes Moos auf 1 Liter Wasser, 1 Tag abgedeckt stehen lassen, dann filtern, ordentlich auspressen (eventuell Kartoffelpresse verwenden) und unverdünnt ausbringen Lebermoos ist sehr wirksam, also wesentlich stärker als normales Laubmoos. Auch Rasenmoos ist dafür geeignet.

KERMESBEERE

Die Kermesbeere ist eine wunderschöne Pflanze mit großen Blütenständen. Man findet sie als Zierpflanze in vielen Gärten. Sie erreicht eine Wuchshöhe von etwa 1 bis 2 m. Die Frucht enthält Saponine und Alkaloide, die im Allgemeinen giftig sind. Man lässt 3 bis 4 Esslöffel in 1 Liter Wasser aufkochen und danach ca. 24 Stunden ziehen. Nach dem Abseihen damit schneckengefährdete Zonen behandeln. Auch gelegte Stein- oder Plattenwege überbrausen. Kermesbeere erhöht auch den pH-Wert des Bodens. Immer Handschuhe verwenden und Hautkontakt meiden (Allergiegefahr).

NEEM (NIEM)

Die Heimat des wärmeliebenden Neembaumes liegt in Indien und Myanmar (Burma). Die Heilkraft dieses Baumes ist fast „unendlich". Er zeichnet sich durch enorme medizinische Eigenschaften aus. Der Neembaum ist schnellwachsend und erreicht eine durchschnittliche Wuchshöhe von 15 bis 40 m. Die wirkstoffreichen Pflanzenteile finden Verwendung in Medizin und Landwirtschaft.
Gemahlenen Neem-Samen oder Presskuchen fein auf die Erde oder über die Pflanzen streuen (30–50 g je m²).
Schnecken meiden diese Beete. Neem-Produkte dürfen nicht eingearbeitet werden, da sonst keine Wirkung gegeben ist. Es ist auch möglich, einen Schutzwall um das Gemüsebeet anzulegen. Geschroteter Neem-Samen ist für Menschen und Tiere völlig ungiftig. Neem kräftigt und düngt die Pflanzen.

RIZINUSSCHROT

Die Heimat des Rizinus ist wahrscheinlich das tropische Afrika, aber auch Indien. Heute ist er in allen wärmeren Ländern anzutreffen. Es gibt ca. 20 Varianten, die sich durch Form und Größe der Bestachelung der Samenkapseln unterscheiden. Der Samen ist hochgiftig. Rizinusöl ist seit 4.000 Jahren als Abführmittel bekannt.
Rizinusschrot kann breitflächig um die Gemüsepflanzen und auf den Boden gestreut werden. Er stellt ein sehr gutes Abwehrmittel dar. Wirkung als Repellent (Abschreckungsmittel) je nach Witterung 2 bis 4 Wochen. Rizinusschrot darf jedoch nicht in den Boden eingearbeitet werden, weil es dann die Geruchsemission verliert und seine Düngewirkung entfaltet.

SCHAFWOLLE

Ungewaschene Schafwolle dient als Schneckenabwehrmittel und Dünger. Schafwolle besitzt rund 12 % Stickstoff, aber auch Phosphor, Kalium und Schwefel sind wichtige Bestandteile. Die Wolle fällt bei der Schafschur an und kann bei Schafbauern günstig bezogen werden.
Die Wolle ist auch als Füllmittel für das Hochbeet gut geeignet, denn sie ist nicht nur ein Langzeitdünger, sondern speichert auch Wasser. Wer die Wolle nicht direkt beziehen kann, hat die Möglichkeit, sie in Gartenfachmärkten als Matten, Vlies oder Pellets zu kaufen.
Kann in loser Form oder als verarbeitete Matte, aber auch als Pellets zur Schneckenabwehr zufriedenstellend eingesetzt werden. Schafwolle bzw. deren Produkte sind stark saugend, die Nacktschnecken meiden diese Materialien, da sie beim Überkriechen viel Schleim verlieren.

FLACHS

Als Mulch- und Abdeckmaterial im Garten unterstützen Flachsschäbe die Pflanzenentwicklung optimal. Der Zusatznutzen von Flachsschäben liegt wegen ihrer feinen Struktur auch in der Abwehr von Schnecken. Die helle Schäbenfarbe verringert auch einen Feuchtigkeitsverlust und schützt so vor Austrocknung. Dieses Material wird von Schnecken nur ungern überkrochen.

HANF

Klein gehäckselte Stängel des Faserhanfs können als Mulch und gleichzeitig zur Schneckenabwehr im Garten eingesetzt werden.

KNOBLAUCH

Knoblauch ist bereits seit langer Zeit dafür bekannt, zahlreiche Schädlinge von Nutzpflanzen fernzuhalten. Das Knoblauchextrakt hat offenbar eine Wirkung auf das Nervensystem. Mönche pflanzten die Knollen daher in der Nähe ihres Gemüses. Folgende Rezepturvorgabe: 90 g Knoblauch zu Brei pressen und in ein Gefäß mit ca. 1 l Wasser geben, kurz aufkochen und 1 Stunde ziehen lassen. Damit besprüht man schneckengefährdete Pflanzen.

Nicht vergessen: Bohnen, Erbsen, Kohl und Lupinen wollen keinen Knoblauch.

Schafwolle kann auch lose aufgebracht werden.

Neembaum

Allgemeine Maßnahmen zur Schneckenregulierung

> **Bitte beachten Sie:**
> Viele dieser Mittel haben überwiegend eine gute Wirkung gegen Acker- und Gartenwegschnecken. Gegen die gefräßige Gemeine Wegschnecke *(Arion vulgaris)* ist der Erfolg oft nicht zufriedenstellend, bzw. gar nicht gegeben!

Knoblauchauszüge eignen sich hervorragend zur Schneckenabwehr.

Flachsmulch hat abweisende Wirkung bei Schnecken und ist auch Verdunstungsschutz.

Rizinusstrauch

Energetische Methoden

HOMÖOPATHIE

Der Begriff Homöopathie stammt aus dem Griechischen. Die Heilmethode geht auf den Arzt Samuel Hahnemann (1755–1843) zurück und basiert auf dem Ähnlichkeitsprinzip.

Homöopathische Mittel werden sowohl bei Menschen, Tieren und Pflanzen eingesetzt. Für die Schneckenregulierung wird bevorzugt Helix tosta eingesetzt. Helix tosta stammt aus gerösteten Schneckenhäusern. Diese Form der Schneckenregulierung gibt es erst seit einigen Jahren.

Für die Schneckenbekämpfung wird bevorzugt Helix tosta D6 als Globuli eingesetzt. Der Einsatz in flüssiger Form (Dilution) ist auch möglich.

Beim Einsatz von Helix tosta D6 benötigt man ca. ½ Teelöffel Globuli für 10 Liter Wasser (Empfehlung Christiane Maute, Homöopathin). Immer darauf achten, dass die Globuli gut aufgelöst werden. Man kann die Globuli in ein Trinkglas mit ca. 200 ml Wasser geben. Dadurch ist es leichter möglich, die Globuli zu zerdrücken und mit einem Holz- oder Plastiklöffel die Flüssigkeit aufzurühren. Danach gibt man die Lösung in das vorbereitete Wasser und rührt nochmals einige Minuten kräftig mit häufigem Richtungswechsel um. Bei Verwendung der Dilution sind 10 ml für 10 Liter Wasser erforderlich. Es gibt auch Erfahrungen, dass ca. 6 bis 8 Globuli ausreichen. Für Helix tosta C30 werden 6 bis 10 Globuli auf 10 Liter Wasser empfohlen.

Als Hilfsmittel für die Aufbereitung nur Porzellan-, Plastik- oder Holzmaterial einsetzen. Metallische Gegenstände können die Wirkung stören.

Die Ausbringung soll vormittags oder gegen Abend erfolgen, niemals bei Sonnenschein. Eine Wiederholung kann alle 2 bis 3 Wochen erfolgen, abhängig vom Schneckenbefall.

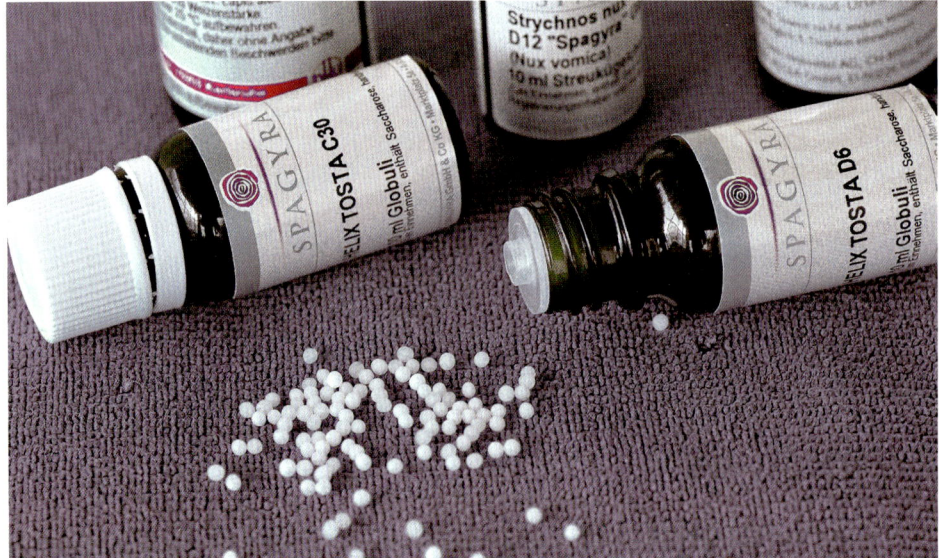

Die Auswahl der richtigen Globuli ist für den Erfolg wichtig.

VERASCHUNG VON NACKTSCHNECKEN

Die Veraschung ist ein wesentlicher Bestandteil im biologisch-dynamischen Garten- und Landbau, dessen Begründer der Anthroposoph Dr. Rudolf Steiner 1924 war. Das Prinzip ist jedoch wesentlich älter. Bereits in der Volksheilkunde des Mittelalters arbeitete man mit der Verbrennung bestimmter Stoffe, aber auch die altägyptische und südamerikanische Volksmedizin kannte das Verbrennen von pflanzlichen und tierischen Substanzen.

Damit wird einerseits auf die praktische Erfahrung der klassischen Homöopathie nach Samuel Hahnemann und andererseits auf die von Rudolf Steiner entwickelten biodynamischen Gesetze zurückgegriffen.

Verbrennen von Schnecken (50–60 Stk.) im Ofen auf Holzfeuer oder die Schnecken in einen Eierkarton geben und verbrennen. Diese Methode ist besonders im biologisch-dynamischen Landbau üblich. Asche ca. 1 Stunde in einem Mörser verreiben (dynamisieren), dann z. B. mit einem Salzstreuer oder feinmaschigen Küchensieb ausbringen. Die Asche ist also fein verteilt um die zu schützenden Pflanzenbeete aufzubringen.

In vielen Fällen hat man bei Massenauftreten tierischer Schädlinge dann die besten Ergebnisse, wenn man diese an den Stellen verbrennt, wo sie auftreten. Anwender schwören jedoch auf dynamisierte Asche-Präparate, deren Wirkung wesentlich höher sein soll.

Man gibt 1 g dynamisierte Asche und 9 ml Wasser in eine kleine Flasche und verschließt diese, danach 3 Minuten kräftig schütteln, dadurch erhält man eine D1-Konzentration. Nun gibt man 90 ml Wasser dazu, schüttelt wieder 3 Minuten und erreicht D2. Für die D3 benötigt man 900 ml Wasser, für die D4 weitere 9.000 ml (9 Liter). Nach jeder Wasserzugabe 3 Minuten kräftig schütteln. Die D4-Konzentration ist etwa 2 Jahre haltbar.

Ab D4 beginnt man wieder mit 1 ml D4 und 9 ml Wasser und wiederholt diese Vorgänge bis zum Erreichen der D8-Konzentration. Von der D8-Konzentration benötigt man nur 0,5 Liter für 100 m² Bodenfläche. Dieses potenzierte Mittel soll danach etwa 3 Abende nacheinander fein versprüht ausgebracht werden. Günstig: Mondphase vor Krebs oder Mond und Mars vor Krebs. Spezialwissen für diese Form der Schneckenregulierung sollte vorhanden sein. Diese Methode ist auch mit anderen Insekten möglich.

HORNKIESELPRÄPARAT 501

Das Hornkieselpräparat ist ein biologisch-dynamisches Spritzpräparat und wird während des Wachstums eingesetzt. Das Ausgangsprodukt ist zu Pulver zermahlener Bergkristall. Dieses Präparat ist eigentlich zur Förderung des Pflanzenwachstums entwickelt worden. Es hat jedoch eine vorzügliche Wirkung bei der Schneckenregulierung. Das Präparat muss frühmorgens 1 Stunde gerührt (dynamisiert) werden. Ausgebracht wird es mit einer Hand- oder Rückenspritze auf den Boden und auf die Pflanzen. Bei jungen oder schwachen Pflanzen sollte man dieses Mittel nicht aufbringen. Man darf niemals Pflanzen besprühen, die unter Trockenheit leiden. Das Hornkieselpräparat 501 fördert nämlich die Verdunstung. Die Wirkung des Präparates hält 4 Stunden an und geht danach rasant zurück. Hornkiesel sollte frühmorgens im Tau (nicht später als 8:00 bis 9:30 Uhr) gerührt und ausgebracht werden. 6 Liter Hornkieselpräparat reichen für eine Fläche bis zu 1.400 m².

Das Präparat fördert und ordnet den Stoffwechsel der Pflanze und auch die Widerstandskraft gegenüber Schädlingen. Erfahrungen im biologisch-dynamischen Landbau sind äußerst positiv.

MIT SCHNECKEN IN BEZIEHUNG TRETEN

Die positiven Ergebnisse, die Pferdeflüsterer, Stierflüsterer, Hundeflüsterer oder Pflanzenflüsterer erzielen, sind bekannt. Warum bemühen wir uns nicht auch um ein anderes Verhältnis zu den Schnecken? Schnecken sind keine schleimigen Massen, die es bösartig auf unser Gartengemüse abgesehen haben. Den Schnecken sollte man in ihrer Funktion als „Gartenpolizei" positiv gegenüberstehen. Schnecken sind ein wichtiger Teil der Natur, also sollte man sie nicht hasserfüllt betrachten, sondern mit ihnen positiv kommunizieren. Diese Entwicklung darf keinesfalls als Scharlatanerie oder Esoterik abgetan werden. Mit Groll und Racheakten gegen Schnecken vorzugehen, macht wenig Sinn. Gewalt erzeugt Gewalt. Jeder Angriff löst einen Gegenangriff aus; das gilt nicht nur zwischen Menschen, sondern ebenso für die Beziehungen zwischen Mensch und Tier.

Viele Menschen haben sich von der Natur so weit entfernt, dass sie dafür kein Verständnis haben. Will man Erfolg haben, muss man unbedingt einen positiven Zugang zu den Tieren haben, geprägt von Frieden, Respekt und Liebe. Dies gilt auch für die oft nur verhassten Schnecken, denn diese haben im Kreislauf der Natur eine besonders wichtige Funktion, auf welche bereits ausführlich eingegangen wurde.

Das Schöne am „Schneckenflüstern" ist, dass diese Methode eigentlich sehr einfach ist und in vielen Fällen auch funktioniert. Es ist jedenfalls nicht etwas, das aus der Zauberkiste stammt. Um erfolgreich zu sein, muss ein „Seelenvertrag" zwischen Mensch und Tier entstehen und dies gelingt vielen nur technisch orientierten Menschen nicht. Ein sehr erfolgreicher Bio-Gemüsebauer hat mir erst im November 2016 erzählt, dass er sich als Schneckenflüsterer versucht hat und dabei gute Ergebnisse erzielte. Wir sind allgemein gut beraten, wenn wir mit der Natur zusammenarbeiten und diese nicht teilweise rücksichtslos nachhaltig schädigen, ohne daran zu denken, dass eine solche Vorgehensweise sich extrem zu Ungunsten unserer Nachkommen auswirkt.

Mit den Tieren in Verbindung treten, das bedeutet, mit ihnen eine freundschaftliche Kooperation anzustreben. Ob das funktioniert? Selber ausprobieren!

Gut zu wissen:
Die Schnecke gehört in ihrem Wesen zum wässrigen Element. Daher sind Mondstände vor Wasserzeichen, insbesondere vor dem Tierzeichen Krebs, für die Schneckenregulierung sehr gut geeignet.

Natürliche Gegenspieler

FEINDE

Ameisen, Amseln, Blindschleichen, Drosseln, Eidechsen, Frösche, Geflügel, Gliederfüßler, Glühwürmchen, Igel, Kröten, Laufkäfer, Leuchtkäfer, Maulwürfe, Nematoden, Salamander, Spechtmeisen, Spitzmäuse, Stare, Weberknechte.

Die Rolle der natürlichen Feinde für die Regulation von Schnecken wird häufig unterschätzt oder nicht beachtet, obwohl diese „kostenlosen" Nützlinge Großartiges leisten. Im Gegensatz zu chemischen Maßnahmen arbeiten die natürlichen Helfer ihre „Opfer" selbst gezielt auf. Dies kann aber nur funktionieren, wenn auch das Ökosystem in Ordnung ist.

ENTEN

Es gibt annähernd 150 verschiedene Arten. Auf ihre wirtschaftliche und kulturelle Bedeutung weisen Sagen und künstlerische Darstellungen seit Jahrhunderten hin. Für Maler waren und sind

Laufenten sind leichtfüßige Läufer.

Enten besonders wegen ihrer Farbenpracht ein sehr beliebtes Motiv. Eine Entenfamilie im Garten belebt das Landschaftsbild. Besonders Indische Laufenten zeichnen sich als vorzügliche Insektenvertilger und „Schneckenliebhaber" aus. Die Indische Laufente ist flugunfähig. Sie ist auch dämmerungsaktiv und macht kaum Schäden an den Kulturen bzw. Gemüsepflanzen. Im Gegensatz zu Gänsen, die einen scharfen Schnabel zum Grasweiden haben, lassen die Laufenten die Vegetation im Garten in Ruhe. Es ist natürlich möglich, dass sie Klee und Gras anknabbern. Sollte es jedoch vorkommen, dass sie im Gemüse- oder Blumengarten an Pflanzen Schäden verursachen, genügt es, wenn man diese speziellen Flächen mit einem ca. 50 bis 60 cm hohen einfachen Zaun provisorisch umgibt. Die Peking-Ente ist als Schneckenpolizei weniger geeignet, da sie schwerfälliger ist und auch Gemüsepflanzen gerne mag. Die Moschus- oder Türken-Ente jedoch ist eine Flugente, die ohne große Schwierigkeiten Einzäunungen überwindet.

Die Enten eignen sich allgemein für kostengünstige Extensivhaltung. Die Laufenten brauchen tagsüber Büsche, um sich vor Greifvögeln schützen zu können, und nachts ist ein Stall mit sicherer Tür als Schutz vor Füchsen und Mardern unbedingt nötig. Eine Hütte aus Holz ist ausreichend, trockene Einstreu und Schutz vor Zugluft sollen gegeben sein.

Bei den Jungenten muss man darauf achten, dass sie nicht zu früh auf Schneckenjagd gehen. Durch die starke Schleimabsonderung der erwachsenen, großen Wegschnecken kann es bei ihnen zu Fress- und Schluckschwierigkeiten kommen. Es ist daher unbedingt erforderlich, dass genügend Wasserstellen zur Verfügung stehen. Denn wenn die Enten eine größere Schnecke verschluckt haben, benötigen sie unbedingt Wasser zum Nachtrinken, ansonsten können sie daran ersticken.

Ein kleiner Gartenteich wäre natürlich ideal für Laufenten; diesen benötigen sie weniger zum Schwimmen, sondern viel mehr zum Baden und Trinken. Ist eine größere Entenfamilie vorhanden, erscheint die Errichtung eines kleinen Ententeiches zweckmäßig. Zwei Laufenten, am besten ein Pärchen, genügen für eine Gartenfläche von ca. 1.000 m², wenn sie ganzjährig aktiv sein können.

WICHTIG

Setzt man zur Bekämpfung gegen starkes Schneckenauftreten Enten ein, ist es vorteilhaft, die Tiere schon zeitig im Frühjahr auf „Schneckenjagd" laufen bzw. watscheln zu lassen. Zu diesem Zeitpunkt sind noch überwiegend die kleinen, heranwachsenden Schnecken vorhanden. Die Enten haben mit diesen eigentlich keine Probleme und können so wesentlich mehr Schnecken vertilgen. Die Praxis zeigt, dass besonders die Indische Laufente – in erster Linie wohl wegen ihres fast aufrechten Körperbaues und dem damit verbundenen besseren Schluck-Mechanismus – sich als wahrer „Schnecken-Turbo" entpuppt.

Sie ist auch aufgrund ihres geringen Gewichtes wesentlich lauffreudiger.

Die Enten sollten vor der Schneckenjagd am Morgen und am Abend nicht gefüttert werden!

Hat man größere Gärten, in denen gewisse Schneckenzentren vorhanden sind, empfiehlt es sich, durch Verlegen der Futterstelle die Enten dorthin zu „lenken". In den meisten Fällen ist dies jedoch nicht notwendig, da die Enten von sich aus große Wanderstrecken zurücklegen.

Laufenten sind „Scheckenliebhaber".

HÜHNER

In den letzten Jahren ist eine Zunahme von Hühnerhaltern unter den Gartenbesitzern feststellbar – eine ökologisch und ökonomisch sehr sinnvolle Entwicklung. Hühner sind wertvolle Helfer bei der Schneckenreduzierung. Ihre emsige Tätigkeit soll nicht unterschätzt werden. Durch das Scharren werden vorhandene Schneckeneier freigelegt und auch vertilgt. Sie sind aber auch in der Lage, kleine Jungschnecken aufzunehmen. Daher soll man dort, wo mit einem starken Auftreten von Schnecken zu rechnen ist, besonders im Herbst und im Frühjahr, eine Freihaltung von Hühnern ermöglichen. Wenn die Beete geräumt sind, kann man sie auch in den Garten lassen.

Seidenhühner sind flugunfähig, daher reicht eine niedrige Umzäunung.

NÜTZLINGE

Der Gartenfreund tut gut daran, Behausungen für „Schneckenliebhaber" anzulegen, um so Schneckenfeinde zu fördern. Der Unterwuchs sollte bleiben, um eventuell zusätzliche Unterschlupfmöglichkeiten für Amseln, Blindschleichen, Dachse, Drosseln, Hundertfüßler, Igel, Kröten, Maulwürfe, Laufkäfer, Leuchtkäferlarven, Spechtmeisen, Spitzmäuse und Weinbergschnecken zu schaffen. Wenn Sie die Möglichkeit haben, legen Sie ein Biotop als Heimstätte für viele Nützlinge an. Auch Steinhaufen, Hecken und Buntbrachen fördern die natürlichen Gegenspieler der Schnecken.

Der Igel frisst nicht nur Insekten, sondern lässt sich auch Schnecken schmecken.

IGEL

Der Igel ist ein Säugetier; Geruch und Gehör sind hochempfindlich. Er ist hauptsächlich Insektenfresser (Laufkäfer, Larven, Regenwürmer, Hundert- und Tausendfüßler, Asseln, Ameisen und Spinnen). Als Schneckenfresser ist seine Bedeutung eher untergeordnet, wie Untersuchungen des Mageninhaltes bestätigen. Trotzdem kann der Igel einen kleinen Beitrag zur

Laufkäfer vertilgen Schneckeneier und Jungschnecken.

Schneckenregulierung leisten und sollte daher auch in unseren Gärten entsprechende Unterschlupfmöglichkeiten vorfinden (z. B. Laub- und Reisighaufen). Verwenden Sie möglichst keine stacheligen Zweige. Man kann auch ein Igelhaus aufstellen. Dieses sollte mit reichlich Laub und Stroh an geschützter Stelle errichtet werden. Damit sich Igel besonders wohl fühlen, sollen auch Hecken und natürlicher Unterwuchs vorhanden sein. Der Igel trägt also zu einem harmonischen Gleichgewicht im Garten bei – hegen Sie ihn!

LAUFKÄFER

Laufkäfer sind gepanzerte Schneckenvertilger. Es gibt ca. 20 verschiedene Laufkäferarten, bei denen Schneckeneier und Jungschnecken am Speiseplan an oberster Stelle rangieren. Die meisten von ihnen sind nacht- bzw. dämmerungsaktiv. Daher können Laufkäfer auch besonders zur Entschärfung eines Schneckenproblems beitragen, denn sie gelten als große Räuber. Ein Laufkäfer vertilgt täglich die dreifache Menge seines eigenen Körpergewichts. Die Schaufellaufkäfer sind durch ihre spezielle Körperform auf Schnecken als ihre Beutetiere spezialisiert. Die Wichtigkeit der Laufkäfer wird durch Untersuchungen dokumentiert. Aus diesen geht hervor, dass im Zeitraum vieler Jungschnecken bei schneckenfressenden Laufkäferarten der Darminhalt bis zu 80 % aus Jungschnecken besteht. Laufkäfer können flugfähig oder flugunfähig sein. Viele Arten zeigen einen metallischen Schimmer. Wenn sie im Garten aufgestöbert werden, suchen sie hurtig ein neues Versteck. Diese attraktiven Käfer vertilgen nicht nur Schnecken, sondern Drahtwürmer, Larven, Engerlinge, aber auch gepanzerte Kartoffelkäfer. Je höher der Humusgehalt des Bodens ist, umso höher ist der Käferbesatz und desto größer ist ihr Beitrag zur Schneckenregulierung.

BLINDSCHLEICHE

Die Blindschleiche zählt zu den Echsen, wird aber vielfach fälschlich als Schlange bezeichnet; sie ist auch nicht blind. Die Oberseite wirkt eher graubraun bis bronzefarben. Die Blindschleiche gehört zu den Dämmerungstieren und ist in feuchten Wiesen, Waldrändern und Gärten anzutreffen. Sie liebt schattige Orte und einen feuchten Untergrund. Man trifft sie daher häufig in großen Laub- oder Komposthaufen. Die Überwinterung erfolgt überwiegend in Erdhöhlen oder morschen Baumstümpfen. Die Blindschleiche lebt von Insekten und Nacktschnecken und ist unbedingt zu schützen.

ZAUNEIDECHSE

Die Zauneidechse wird ca. 20 cm lang und wirkt etwas plump. Insbesondere die Männchen sind durch ihre Smaragdfärbigkeit außergewöhnlich schön. Die Paarung erfolgt von April bis Juni. Danach legen die Weibchen 5 bis 14 weiße, pergamentschalige Eier in feuchte, lockere Erde. Die Jungtiere schlüpfen nach 5 bis 9 Wochen. Diese Eidechsen sind Tagtiere und bevorzugen Trockenmauern und Bahndämme. Man kann ihnen mit einer aus Natursteinen aufgeschichteten Gartenmauer einen geeigneten Platz anbieten. Die Zauneidechse ernährt sich mit Vorliebe von Nacktschnecken, Raupen sowie Würmern.

Allgemeine Maßnahmen zur Schneckenregulierung

Blindschleichen haben Schneckeneier und Jungschnecken zum Fressen gern.

Zauneidechsen haben auch Schnecken auf dem Speiseplan.

Laubfrosch

EUROPÄISCHER LAUBFROSCH

Die Laubfrösche sind mit über 800 Arten die größte Familie der Amphibien. Der Laubfrosch ist zweifelsohne die bekannteste Froschart. Die bevorzugten Lebensräume sind Baumgruppen, Hecken, Flussauen, Wiesen und Gärten. Mit Vorliebe hält er sich im Blattwerk auf. Die Winterruhe dauert von Oktober bis Ende März. Die Tiere sind dämmerungs- und nachtaktiv. Neben Insekten, Larven und Spinnentieren stehen auch Jungschnecken am Speiseplan.

Erdkröte

ERDKRÖTEN

Besonders die Erdkröte ist sehr erfolgreich als „Schneckenpolizei" unterwegs. Gärtner behaupten, dass einige wenige Kröten in einem Gewächshaus dieses überwiegend schneckenfrei halten. Kröten, Frösche und Molche benötigen ein Feuchtbiotop. Günstig ist bereits ein kleiner Gartenteich. Eine künstliche Ansiedelung ist nicht einfach, anderseits stellen sich Erdkröten von selbst ein. Die Erdkröte ernährt sich vorwiegend von Würmern und Nacktschnecken.

Feuersalamander

FEUERSALAMANDER

Der Feuersalamander stammt aus der Familie der Echten Salamander. Je nach regionaler Mundart wird er auch Erdmolch, Feuermolch, Erdsalamander, Regenmolch, Gelber Schneider oder Tattermandl benannt.

Der attraktive Feuersalamander zählt ebenfalls zu den Schneckenfeinden. Er ist nicht nur eine ausgesprochen schön gezeichnete Amphibie, sondern auch tätig in der Reduzierung von Nacktschnecken. Das attraktive Tier hält sich tagsüber unter Holz oder Steinen versteckt. Es bevorzugt die Nähe von Gewässern (Brunnen, Quellen). Wenn der Feuersalamander den Garten für sich entdeckt hat, bleibt er oft jahrelang. Von Oktober bis etwa März hält er Winterschlaf in Erdlöchern.

SCHNECKENNEMATODEN
(Phasmarhabditis hermaphrodita)

Schneckennematoden (dzt. in Österreich nicht erhältlich, jedoch in Deutschland und der Schweiz) sind die natürlichen Gegenspieler der kleinen Nacktschnecken, welche bei Aussaaten und Setzlingen große Schäden anrichten. Mit den Schneckennematoden lassen sich die kleinen Nacktschnecken auf natürliche Weise erfolgreich bekämpfen. Die Nematoden sind kleine Fadenwürmer, die durch den Mantelschild der Schnecken eindringen. Nematoden parasitieren die Schnecken. Geschädigte Tiere erkennt man an einer Anschwellung am Rücken der Schnecken. Nach ca. drei Tagen erfolgt ein Fraßstopp, und die Schnecken verenden nach einigen Tagen. Die großen braunroten Nacktschnecken können mit den Schneckennematoden nicht ausreichend bekämpft werden. Sie sind entweder regelmäßig von Hand einzusammeln oder mit Schneckenzäunen fernzuhalten. Gehäuseschnecken und die geschützte Weinbergschnecke werden von den Schneckennematoden nicht befallen.

Eine von den Fadenwürmern (Schneckennematoden) bereits befallene Ackerschnecke

Die Schneckennematoden haben eine sehr gute Wirkung gegen die Ackerschnecken. Die Nematoden werden in Wasser angerührt und mit der Gießkanne auf den Boden ausgebracht. Wenn ein Spritzgerät zum Einsatz kommt, darf nur mit geringem Druck gearbeitet werden. Ausbringzeit abends oder bei bedecktem Himmel, da Nematoden empfindlich auf UV-Licht reagieren. Der Boden soll bei der Ausbringung feucht und die Bodentemperatur über 6° Celsius sein, da die Nematoden sonst nicht aktiv sind. Einsatz vor Aussaat oder Pflanzung. Eine Anwendung wirkt ca. 6 Wochen. Das Mittel ist relativ teuer.

Schnecken im Herbst und Winter stoppen

In schneckengefährdeten Gebieten ist es von entscheidender Bedeutung, dass man nicht nur in den Sommermonaten eine Regulierung durchführt. Es lohnt sich, auch in den Herbst- und Wintermonaten einen

Spaziergang durch die Gärten zu machen. Das Anlegen von künstlichen Schlafplätzen, wie z. B. morsche Bretter und Karton/Wellpappe, ist gerade auch in diesem Zeitraum sehr zielführend. Man kann die Attraktion für Nacktschnecken noch dadurch erhöhen, dass man unter diesen Stellen etwas Lockfutter verteilt (siehe „Anlocken und Fangen"). Bei regelmäßiger Kontrolle sind diese Schlafplätze eine der erfolgreichsten Methoden zur Schneckenregulierung. Auch unter Plastikfolien, mit denen im Frühling oft die keimende Saat abgedeckt wird, sammeln sich die Weichtiere gerne. Hier sei besonders darauf hingewiesen, dass man unter der Mulchschicht bzw. Unterschlupf bietenden Brettern, Ziegeln u. ä. Nachschau hält, ob Eigelege vorhanden sind.

Die Wegschnecken finden wegen ihrer Größe kaum geeignete Erdlöcher vor und sind daher gezwungen, ihre Eigelege fast ausschließlich an geschützten, feuchten Stellen an der Erdoberfläche abzulegen. Die Eigelege sind wegen ihrer weißen Farbe leicht sichtbar. Je früher mit der Kontrolle begonnen wird, desto größer ist die Chance, dass man die Gelege noch vor dem Schlüpfen der Jungtiere findet. Manchmal ist man sehr überrascht, in welch großer Ansammlung Schneckengelege auf schneckengefährdeten Flächen anzutreffen sind. Die Gelege müssen freigemacht werden, damit sie rasch austrocknen und so für die Vermehrung keine Bedeutung mehr haben. In von Schnecken heimgesuchten Gärten ist es durchaus vertretbar, wenn man den Tieren zum Zeitpunkt der Eiablage geeignete Unterschlupfmöglichkeiten anbietet. Danach können die dort vorgefundenen Gelege freigelegt bzw. vernichtet werden.

Besonders vom Frühherbst bis zum Frühjahr hin sind an der Unterseite von Brettfallen Eigelege und Jungschnecken anzutreffen.

Bitte beachten Sie:
Es gibt keine beste Methode zur Regulierung von Schnecken. Es sind sehr viele Maßnahmen, die man je nach Möglichkeit und Bedürfnis anwenden kann, um die Schneckenpopulation nicht zum Problem werden zu lassen. Für viele Gärtner und Landwirte ist das „Schnecken-Problem" schon jetzt durch richtige Bewirtschaftung der Flächen erst gar nicht vorhanden.

Tipp:
Die zielführende Strategie lautet: Taktik anstelle von blindem Zuschlagen, Geschick vor Gewalt. Man muss die Schnecken und ihre Eigenarten genau kennen, denn: „Wissen ist Macht".

Schneckenregulierung auf Großflächen

Wir dürfen die Bereiche einer Reduzierung von „Schadschnecken" nicht nur auf Kleinstflächen, wie beispielsweise Hausgärten, einengen. Man muss vielmehr auch versuchen, auf landwirtschaftlich genutzten Flächen (Äcker, Wiesen, Obst-, Gemüse- und Weingärten), Straßenböschungen, in Parkanlagen sowie anderen Bereichen entsprechende Maßnahmen zu setzen, falls an diesen Standorten ein „Überangebot" an Schnecken vorhanden ist. Es ist dies besonders vordringlich, damit auf den genannten Flächen eine ungehinderte Vermehrung unterbunden wird. Mit der Zuwanderung von Schnecken aus diesen Gebieten haben wir sonst wieder in unseren Hausgärten zu kämpfen. Es versteht sich von selbst, dass auf größeren Flächen nur solche Maßnahmen gesetzt werden, die auch entsprechend Erfolg bringen. Jene Abwehrmittel, die für Hausgärten und Kleinstflächen Anwendung finden, reichen hier meist nicht aus und wären wegen des hohen Zeitaufwandes wenig zielführend.

Die Erfahrung und Beobachtung haben gezeigt, dass die Gemeinen Wegschnecken auf Äckern, Gemüseflächen und Weingärten meist nur am Feldrand (5 bis 15 m breit) Schäden verursachen. Der Grund dafür liegt darin, dass die Flächen selbst meist am Beginn der Kulturentwicklung zu wenig Schutz bieten. Die Schnecken wandern daher häufig in der Abenddämmerung aus geschützten Randstreifen (meist sind dies Grünlandflächen) in die Grundstücke ein, nehmen Nahrung auf und ziehen sich wieder in die Feldrandstreifen zurück, wo sie geeigneten Unterschlupf finden. Wenn Schnecken von benachbarten Brachen, Wiesen und Zwischenfrüchten zuwandern, wirkt sich eine Rand- oder Teilbehandlung auf die Schneckenreduzierung sehr positiv aus. Der Einsatz von Schneckenkorn sollte dabei nur eine Notlösung sein. Die Ackerschnecken sind nicht nur weniger wanderfreudig, sondern haben wegen der geringen Körpergröße auch die Möglichkeit, sich selbst auf diesen Flächen in vorhandene Risse, Spalten oder unter größere Erdschollen tagsüber zurückzuziehen. Dort finden sie genügend Schutz. Daher treten sie als unliebsame Schädlinge meist breitflächig auf.

Besonders schneckengefährdete Kulturen

- Winterraps (Jungpflanzen), hier zeigt sich, dass vornehmlich 00-Rapssorten zu den „Lieblingsspeisen" zählen. Diese Sorten sind frei von Erucasäure und dürften deshalb besonders munden.
- Nachfolgesaaten auf Raps, z. B. Wintergerste und Roggen
- Getreide nach Leguminosen
- Getreide mit Untersaat
- Weizen wird Gerste und Hafer vorgezogen.
- Futterpflanzen (Luzerne, Klee, Lupine) sind auch sehr beliebt als Fraß- und Ruheplätze.
- Silomais, Körnermais (hauptsächlich im Jugendstadium)
- Kartoffeln (junge Knollen, Blätter, Stängel)
- Pferdebohnen (stärkere Schäden meist nur am Rand)
- Zucker- und Futterrüben (besonders Jungpflanzen) sind gefährdet.
- Tabak (häufig nur Randschäden)
- Feldgemüsekulturen (z. B. Spinat, Salat, Karotten, Kürbisgewächse) sind besonders im Jugendstadium gefährdet.

Aktuelle Forschungen deuten darauf hin, dass auf Böden mit starkem Regenwurmbesatz, aber auch dort, wo eine umfangreiche Mischkultur betrieben wird, die Schädigung durch Nacktschnecken stark zurückgeht.

> **WICHTIG**
>
> Die Widerstandskraft der jungen Schnecken ist größer als in späteren Lebensabschnitten. Nach der Eiablage nimmt die Konstitution bei den Wegschnecken stark ab.
> Sehr junge, eben aus dem Ei geschlüpfte Schnecken sind sehr empfindlich, bis sie dann – etwa ab dem 3. Monat – eine unvergleichlich hohe Widerstandsfähigkeit erreichen.
> Die Genetzten Ackerschnecken entwickeln ihre stärkste Lebenstätigkeit im Herbst und am Beginn des Frühjahrs. Die Tiere halten keinen Winterschlaf, sondern ziehen sich nur an Frosttagen zurück und kommen bei mildem Wetter sofort wieder aus ihren Verstecken, um auf Nahrungs-suche zu „gehen".
> Die Wegschnecken verlassen erst ab mindestens 8 bis 10 °C ihr Winterquartier. Zu diesem Zeitpunkt sind sie geschwächt. Ist genügend Feuchtigkeit, Temperatur und Nahrungsangebot vorhanden, wird auch die Eigenkraft der Schnecken erhöht. Die Ackerschnecken werden bereits bei einer Temperatur um den Gefrierpunkt aktiv.
> Daraus ist abzuleiten, dass eine Schneckenregulierung im Frühjahr und im Herbst am erfolgreichsten ist!

Anlegen von Schutzstreifen

Viele landwirtschaftliche Flächen werden oft nur an den Feldrändern von den Schnecken geschädigt. Besonders die Wegschnecken brauchen genügend Deckung, um sich vor Trockenheit und Sonnenlicht zu schützen. Der noch schwach bedeckte Ackerboden am Beginn der Kulturperiode bietet zu wenig Unterschlupfmöglichkeiten.

Vorhandene Grünstreifen am Feldrain stellen daher den besten Schutz für sie dar. Von dort aus beginnen sie allabendlich mit den Streifzügen zu den begehrten Futterplätzen und ziehen sich morgens wieder zurück. In Feldrainen, verunkrautetem Brachland u. ä. sind für die Schnecken tagsüber geeignete Verstecke vorhanden. Von den Ackerschnecken besonders begehrt sind jene Flächen, die auch Knaulgras *(Dactylis glomerata)* aufweisen.

Bevor man Maßnahmen gegen ein „Überangebot" von Schnecken auf landwirtschaftlichen Acker- und Wiesengrundstücken setzt, sollte man überprüfen, ob eventuell Abwehrstrategien, wie beispielsweise das Anlegen von Sperrgürteln gegenüber schneckengefährdeten Grundstücken, ausreichen.

Oft genügt bereits das Anlegen eines ca. 30 bis 50 cm breiten Streifens zwischen Grünland und Ackerland. Der Sperrgürtel kann aus Kohlensaurem Kalk bestehen. Bei kristallinem Kupfer genügt eine Streifenbreite von 10 bis 15 cm. Das Mittel muss nicht sehr dicht ausgebracht werden. Der

Sperrgürtel ist immer am Ackerrand (offener Boden) zu errichten. Das Anlegen eines Sperrgürtels auf Grünland bringt keinen Erfolg, da dadurch die „grüne Brücke" nicht unterbrochen wird.

Das Anlegen eines Sperrgürtels ist sehr einfach.

Ackerbauliche Maßnahmen auf schneckengefährdeten Flächen

BODEN UND BODENPFLEGE

Der Boden ist insoweit von Bedeutung, da kalkhaltige Böden (günstig pH 6,3 bis 6,7) die Vermehrungsraten bei Nackt- und Gehäuseschnecken wesentlich erhöhen. Sehr zum Vorteil für die Mollusken sind natürlich Standorte wie schollige, schwere, tonhaltige und mit großer Wasserkapazität ausgestattete Böden. Als vorbeugende Maßnahme empfiehlt sich eine optimale Bodenvorbereitung zur Saat. Ziel sollte stets ein feinkrümeliges und gut rückverfestigtes Saatbeet sein. Dadurch werden die für das Überleben und die Fortbewegung der Schnecken wichtigen Hohlräume zerstört. Feines Saatbeet bietet wenig Unterschlupf!

Eine von Stephenson (1975) durchgeführte Untersuchung von Ackerschnecken im Boden zeigte folgendes Bild: Bei den feinerdigen bis mittelfeinen Bodentypen wurden in einer Bodentiefe bis 60 cm 1 bis

2 Tiere pro m² vorgefunden. Der schollige Bodentyp wies bis zur selben Tiefe 13 Tiere, der grobschollige 3 Tiere auf. Interessant ist auch die Feststellung, dass bei grobscholligem Boden noch bis zu einer Tiefe von 60 bis 140 cm vier weitere Tiere je m² vorhanden waren. Dieses Ergebnis zeigt die Wichtigkeit sorgfältiger Bodenbearbeitung im Hinblick auf Fraßschäden ganz deutlich auf.
Eine wichtige Entscheidung über günstige Voraussetzungen für die gefräßigen Tiere fällt bereits bei der Bodenbearbeitung. Da besonders die Ackerschnecken breitflächig schädigend auftreten, ist es unbedingt notwendig, die Lebensbedingungen für diese Tiere durch entsprechende Saatbeetherstellung so ungünstig wie möglich zu gestalten. Sogar die Gemeinen Wegschnecken können teil- oder gebietsweise großflächig auf Ackerland vorkommen.

> Wenn jetzt auch bereits Schneckenschäden versicherbar sind, so wird das Grundübel der Schneckenplage damit nicht getroffen. Viel wichtiger wäre es, den Landwirten klarzumachen, dass nur richtige Bodenpflege mit Humusaufbau und ordentlicher Fruchtfolge einen Garant gegen starkes Schneckenaufkommen darstellt.

Die Bodenbearbeitung ist im Sinne der ökologischen Bekämpfung besonders wichtig!

Eine wichtige Forderung ist, dass der Boden vor dem Bestellungstermin gut abgesetzt ist. Es ist daher notwendig, den Boden rechtzeitig zu pflügen. Immer ist dies jedoch nicht möglich, wenn Raps beispielsweise in bestimmten Anbaulagen nach Winterweizen oder Ackerbohnen gesät wird. Es kann vorkommen, dass nur wenige Tage zwischen der Ernte dieser Kulturen und der Rapsbestellung zur Verfügung stehen. Zur gewünschten Rückverfestigung wird daher der Einsatz von Scheiben- oder Krümel-Eggen, Ringel- oder Cambridge-Walzen oder ähnlichen Geräten erforderlich sein.
Die Verwendung einer besonders ausgestatteten Rüttelegge hat auf leichten und mittelschweren Böden zu starker Reduzierung von Schnecken geführt. Durch dieses Gerät wird ebenfalls eine Beseitigung größerer Hohlräume möglich. Dadurch wird den Weichtieren die Existenzgrundlage genommen.
Durch das Walzen des Bodens wird die Keimung der Saatkörner gefördert und gleichzeitig werden Hohlräume, die den Schnecken als Unterschlupf dienen, beseitigt. Man sollte jedoch nicht walzen, wenn der Boden unzureichend abgetrocknet ist. Ein nachfolgend auftretender Starkregen im Wechsel mit Trockenheit und dadurch entstandene Verschlämmung und Verkrustung der Bodenoberfläche (besonders bei schweren Böden) könnte sich nämlich sehr nachteilig auf den raschen Aufgang von Raps oder Getreidekulturen auswirken.
Der Saat- bzw. Pflanztermin muss so gewählt werden, dass eine zügige Keimung von Saatgut und ein kontinuierliches Wachsen von Pflanzen gewährleistet ist.
Bodentemperatur und -feuchte sind dafür von großer Bedeutung. Auf Bodentyp und Pflanzenart muss dabei immer Rücksicht genommen werden. Entscheidend ist auch, dass auf die richtige Saat- und Pflanztiefe bei den einzelnen Kulturen Bedacht genommen wird.
Ernstzunehmende Schäden durch Ackerschnecken sind häufig nur in den ersten Wochen und Monaten nach der Bestellung zu befürchten. Es gilt: Vorbeugen ist besser als „heilen"!
Reduzierte Bodenbearbeitung erhöht auf lange Sicht nicht den Schneckenbesatz. Britische Wissen-

schafter (Universität Cardiff) stellten in Versuchen fest, dass bei nichtwendender Bodenbearbeitung zunächst die Anzahl der Schnecken stieg. Danach kam es zu einem plötzlichen Niedergang der Population. Denn: Gleichzeitig mit den Schnecken vermehren sich auch die natürlichen Feinde (Laufkäferarten). Sie scheinen die Anzahl der Schnecken in Schach zu halten.

Die Fruchtfolge ist ebenfalls für vermehrtes Vorkommen von Schnecken entscheidend. Besonders gefährdet sind jene Grundstücke, auf welchen „Winterfrüchte" (z. B. Winterweizen, Wintergerste, Winterraps) stehen. Diese Kulturen bedecken sehr lange den Boden, ihr Blätterdach schützt die Schnecken vor Austrocknung sowie direkter Sonnenbestrahlung und bietet zudem Kälteschutz. Bei ständiger Wiederkehr von Winterungen dieser Art in der Fruchtfolge erhöht sich auch die Populationsdichte der Schnecken!

WICHTIG
1. Empfindliche Kulturen, wenn möglich, an Standorten mit geringem Risiko anbauen.
2. Grobscholligkeit begünstigt die Schnecken.
3. Pflugloser Ackerbau fördert die Schneckenpopulation nicht; durch die reduzierte Bodenbearbeitung werden die Laufkäfer als Gegenspieler stark gefördert.
4. Der Boden soll zum Bestellungszeitraum gut abgesetzt sein, rechtzeitiges Pflügen.
5. Pflügen im Winter lässt die Schnecken und ihre Eier erfrieren; es schadet jedoch Nützlingen.
6. Zur gewünschten Rückverfestigung kann der Einsatz von Scheiben- oder Krümeleggen, Ringel- oder Cambridgewalze oder ähnlicher Geräte erforderlich sein.
7. Eventueller Einsatz einer Rüttelegge.
8. Optimalen Saat- bzw. Pflanztermin wählen, dadurch ist raschere Keimung und schnellere Pflanzenentwicklung möglich.
9. Wenn nötig, Saatmenge erhöhen.
10. Auf richtige Saat- und Pflanztiefe der einzelnen Kulturen Rücksicht nehmen.
11. Boden nach der Saat walzen, dies verbessert den Bodenschluss. Dadurch wird den Schnecken die Fortbewegung in der Erde erschwert und es stehen weniger Hohlräume als Schlupfwinkel zur Verfügung. Langfristig ist ein feinkrümeliger Boden anzustreben.
12. Fruchtfolge beachten, besonders bei „Winterfrüchten".
13. Ernterückstände möglichst bald einarbeiten.

Raps

Um Raps zu schützen, sollte man sich nicht alleine auf chemische Behandlungen verlassen. Es ist daher ratsam, das Schneckenvorkommen schon vor der eigentlichen Rapsaussaat zu kontrollieren. Schnecken können bereits den Keimling im Boden schädigen und somit einen frühen Befall oder Totalschaden auslösen. Es gibt keine einheitlichen Angaben über Schadschwellen. Da die Forschung bis heute noch kein abgesichertes Modell entwickeln konnte, ist jeder Ackerbauer selbst gefordert, rechtzeitig Beobachtungen durchzuführen und aufgrund seiner Erfahrungspraxis die richtige Entscheidung zu treffen. Bei Raps reicht die Gefahrenstufe von der Saat bis zum 6-Blatt-Stadium.
Die 00-Körnerrapssorten zählen zu den Lieblings-speisen der Schnecken, vor allem der Ackerschnecken. Teilweise entstehen hohe Ausfälle durch Schneckenfraß.
Die Ertragsausfälle können vor allem bei den heranwachsenden Pflanzen enorm sein. Es ist unbedingt darauf zu achten, dass eine rasche Jungpflanzen-Entwicklung gewährleistet ist. Eine gleichmäßige, flache Aussaat in einem oberflächig gut durchfeuchteten Boden ist anzustreben. Schon so mancher Landwirt musste das Feld nach Schneckenfraß wieder neu bestellen. Man muss daher Überlegungen anstellen, die Frucht auf einem weniger schneckengefährdeten Grundstück anzubauen. Falls Schneckenkorn eingesetzt wird, ist es notwendig, dieses unmittelbar (3 Tage nach der Rapssaat) auf die Fläche auszubringen.

00-Körnerrapssorten zählen zu den „Lieblingsspeisen" der Schnecken.
Kohlensaurer Kalk auch später möglich.
Bei extremem Befall *Sluxx hp* einsetzen.

KALKDÜNGER
Kohlensaurer Kalk kann auch vorhandene Pflanzen treffen, da keine Verbrennungsgefahr gegeben ist. Näheres entnehmen Sie bitte dem Abschnitt „Allgemeine Hinweise zu verschiedenen Hilfsmitteln".

Raps gehört zu den gefährdeten Kulturen.

KUPFERSULFAT
Kupfersulfat kann vor dem Anbau angewendet werden. Wird Kupfersulfat jedoch im Jungbestand verwendet, muss auf die entsprechende Konzentration geachtet werden. Raps reagiert bei Überversorgung mit Kupfer sehr empfindlich. Kupfersulfat kann bei Raps einen Stopp-Effekt im Pflanzenwachstum auslösen.
Bei Pflanzenbeständen mit sehr zügiger Jugend-Entwicklung (im Herbst) ist dieser Bremseffekt im Wachstum oft sogar erwünscht. Diese Stoppwirkung entsteht jedoch nur, wenn Kupfer über das Blatt aufgenommen wird.
Näheres entnehmen Sie bitte dem Abschnitt „Allgemeine Hinweise zu verschiedenen Hilfsmitteln".

Getreide

Winterweizen zählt zu den am meisten gefährdeten Getreidearten. Hafer, Roggen und Triticale sind dagegen nur gering bedroht. Das Gefahrenpotential ist bei der Keimung am größten und dauert bis zur Bestockung. Wenn Jungpflanzen nicht rechtzeitig geschützt werden, ist der Schaden im Herbst am größten. Nach Duthott befressen Ackerschnecken sogar im Winter bei einer Temperatur von 0,8 °C unter einer Schneedecke Getreide (Godan, 1979).

Man sollte überprüfen, ob auf Großflächen eine Nesterbekämpfung in Feuchtbereichen ausreicht. Folgende Maßnahmen können sich in der Reduzierung der Schadwirkung vorteilhaft auswirken:

- Einsatz von Kohlensaurem Kalk
- Einsatz von Eisen-III-Phosphat

Grobschollige Äcker sind nur durch den Einsatz einer Rüttelegge „schneckensicher" zu machen.

Zwischenfrüchte

Der Zwischenfruchtanbau nimmt in den letzten Jahren stark zu. Immer mehr Landwirte erkennen die positiven Eigenschaften, die ein solcher Anbau für die Erhaltung und Verbesserung der natürlichen Vitalität des Bodens darstellt.

Wenn auf Flächen, die für solch einen Anbau vorgesehen sind, Schneckenschäden festgestellt werden, sollte unbedingt Folgendes beachtet werden:

a) Die Einbringung von abfrostenden Kulturen, wie etwa Phazelia, Ackerbohne, Futterwicke, Senf und Alexandriner-Klee, in den Boden soll so spät wie möglich erfolgen.

b) Wird die Einarbeitung zu früh durchgeführt, gelangen mit den Zwischenfrüchten auch die Schnecken in den Boden. Sie finden dort genügend geeignetes Futter und müssen zur Nahrungssuche nicht mehr an die Oberfläche. Wird die Einbringung dagegen erst nach mehreren Frosttagen durchgeführt, haben die Tiere kaum genügend Unterschlupf und werden so durch niedrigere Minusgrade getötet.

c) Winterharte Zwischenfrüchte, wie beispielsweise Perko PVH, Winterraps AKELA, Zottelwicke, Bastard-Raygras PILOT und Deutsches Weidelgras, sollen auf von Schnecken gefährdeten Flächen nicht kultiviert werden. Die Weichtiere finden in den vorhandenen Pflanzenbeständen häufig ideale Überwinterungsmöglichkeiten vor.

d) Ein Verzicht auf den Anbau der so wertvollen Zwischenfrüchte ist nicht notwendig; nur sollte jene Form des Anbaus gewählt werden, die den Schnecken abträglich ist.

Zwischenfrüchte leisten einen sehr wertvollen Beitrag zur Verbesserung des Bodens.

Die Wegschnecke kann auch sehr sportlich zu ihren Futterquellen unterwegs sein.

Zuckerrüben, Mais, Sonnenblumen, Kartoffeln

Diese Kulturen sind durch Schneckenfraß eher gering gefährdet. Es muss hier jedoch immer wieder festgestellt werden, dass in ungünstigen Lagen und bei schleppender Jungpflanzenentwicklung Schäden in beträchtlichem Ausmaß entstehen können. Bei Zuckerrüben kann ein Befall, insbesondere im Keim- bis 2-Blatt-Stadium, wirtschaftliche Schäden und bei sehr starkem Schneckenbesatz auch Umbrüche zur Folge haben. Gefährdet sind vor allem grobschollige Böden.
Es sollte daher besonders dort Vorsicht geboten sein, wo verstärktes Aufkommen von Schnecken befürchtet wird. Mögliche Maßnahmen gegen Kulturschäden sind:
- Richtige Bodenbearbeitung, Vermeidung von Grobschollichkeit
- Randstreifenbekämpfung, meistens genügen 2 bis 4 m breite Bänder.
- Einsatz von Kohlensaurem Kalk

ZUCKERRÜBEN
Besonders gefährdet können Flächen nach Umbruch einer Gründüngung sein. Bei Zucker- oder Futterrüben besteht die größte Gefahr zwischen Keimung und 6-Blatt-Stadium. Bei stärkerem Schneckenbesatz können diese schon den Keimling im Boden schädigen und einen frühen Befall oder Totalschaden auslösen.

MAIS
Schnecken können die Maispflanzen bis zum 4- bis 5-Blatt-Stadium stark schädigen. Der Keimling selbst ist selten gefährdet.

SONNENBLUMEN
Sonnenblumen gehören zu den stark gefährdeten Kulturen. Die Gefährdung kann bis zum 4-Blatt-Stadium extrem stark sein. Es kann ein Totalausfall von Jungpflanzen auftreten. Aus den Hauptanbaugebieten werden oft Verluste bis zu 50 % gemeldet.

KARTOFFELN
Knollenschäden durch Schneckenfraß treten oft nach milden Wintern und bei feuchter Witterung auf. Die wichtigsten Schadschnecken bei den Kartoffeln sind die Ackerschnecken und die Gartenwegschnecke. Verzicht auf schneckenfördernde Vorkulturen (z. B. Raps, Kleegras, Gemüse) ist daher ratsam. Das Risiko für Fraßschäden reicht von der Knollenbildung bis zur Ernte.

RANDSTREIFENBEKÄMPFUNG
Meist genügt diese Form der Bekämpfung. Häufig wandern die Mollusken von angrenzenden Böschungen oder wenig gepflegten Wiesenflächen in das Ackergrundstück. Hier ist oft schon durch die entsprechende Pflege dieser Grundstücke Abhilfe geschaffen.
Ein schmaler Schutzstreifen von Kohlensaurem Kalk, am Ackerrand errichtet, stellt häufig eine gute Maßnahme gegen die Zuwanderung der Schädlinge dar.

Gemüsebau (im Freiland und unter Folien)

Die Gemüsekulturen sind sehr häufig großen Schäden durch Schneckenfraß ausgesetzt. Besonders erschwerend ist, dass durch Fraßschäden Aussehen, Qualität und Haltbarkeit akut leiden. Die Ware ist somit bei größeren Schäden kaum bzw. nur zu Tiefstpreisen oder überhaupt nicht verkäuflich. Die Schnecken bevorzugen Feldgemüsekulturen deshalb, weil sie zartes, feines Pflanzengewebe vorfinden. Bereits angefressene Pflanzen werden immer wieder vorrangig aufgesucht und geschädigt. Ebenso werden im Boden abgelegte Samenkörner oder Jungpflanzen vernascht.

So sieht ein schneckenfreier Karottenbestand aus.

Die erforderlichen Regulierungsmaßnahmen sind besonders dort erschwert, wo sich Jungschnecken bereits unter Mulchfolien befinden oder wo Flachabdeckung mit Mulchpapier, transparenter PE-Folie etc. vorgenommen wird. Unter diesen Materialien fühlen sie sich sehr wohl, ziehen von einem Pflanzloch zum anderen und fressen sich an den dort befindlichen Keim- und Setzlingen satt. Oft wird jedoch angenommen, dass es sich dabei um Schäden durch andere Tiere handelt. Wenn auf der Folie glänzende Kriechspuren und an den Pflanzen Schleimspuren sind, dann handelt es sich mit Sicherheit um Schnecken, die von außen zuwandern. Beim Verlegen von Flachfolien ist es wichtig, darauf zu achten, dass in gefährdeten Gebieten noch vor dem Folienlegen auf diesen Flächen entsprechende Maßnahmen gegen eine mögliche „Schnecken-Einwanderung" gesetzt werden.

Laufenten als „Schneckenpolizei" im Folientunnel

Hokkaido-Kürbis – Nacktschnecken beim Festmahl

Die Ränder von Folientunnels und von Glashäusern innen und außen haben meist eine höhere Bodenfeuchtigkeit und werden von den Schnecken gerne als Unterschlupf aufgesucht.
Ein Anlegen von künstlichen Schlafplätzen ist daher vorteilhaft. Man legt z. B. schwarze, ca. 50 cm breite Folien in beliebiger Länge aus. Darunter finden die Schnecken Unterschlupf und können so leicht aufgelesen werden.

Einige nützliche Anregungen dafür sind:

- Schneckengefährdetes Gemüse an Standorten mit niedrigem Risiko anbauen.
- Feines Saatbeet anstreben; die Bodenvorbereitung entscheidet sehr wesentlich, ob die Weichtiere günstig Unterschlupf finden.
- Anzuchtkisten vor Gebrauch nicht im Gras lagern; dadurch wird das Zuwandern von Schnecken sehr erfolgreich verhindert.
- Jungpflanzen zum Abhärten nicht auf den offenen Boden stellen.
- Nur kräftige, gesunde Jungpflanzen verwenden.

Schnecken können auch im Folientunnel auftreten.

Man kann durch Überspannen größerer Beete mit Vlies sowohl Samenkörner als auch junge Setzlinge gut schützen. Voraussetzung ist jedoch, dass in der abgedeckten Fläche keine Schnecken vorhanden sind. Netze lassen Luft und Wasser durch und fördern die Entwicklung des Pflanzenbestandes.

Pflanzen immer vorsichtig beim Setzen oder Umpflanzen behandeln, um sie vor Verletzungen und Stress zu schützen. Denn beides führt dazu, dass die Pflanzen einen Botenstoff, die sogenannte Jasmonsäure, ausschütten. Diese Säure wird in der Wurzel produziert und an ihre Blätter weitergegeben. Dadurch werden verschiedene Tiere wie Schnecken und Ameisen geradezu angelockt.

Anzuchtkistchen nicht im Gras lagern.

- Zwischen den Setzlingen oder den Saatreihen Kresse oder andere rasch wachsende Pflanzen als „Ablenkung" säen.
- Rund um das Gewächshaus bzw. den Folientunnel das Gras kurz halten; Laufenten oder Hühner dort frei laufen lassen.
- Das Gewächshaus bzw. der Folientunnel sollte auf Bodenebene dicht schließen, um die Zuwanderung von außen zu verhindern.
- Am Übergang zu Grünland oder Bracheflächen eventuell einen Schneckenzaun aufstellen.

Rechtzeitiges Anlegen eines Sperrgürtels hätte viel Schaden am Chinakohl verhindert.

Dies gilt für den Freiland- und Gewächshausgemüsebau.
- An der Grenze zu Grünland oder Bracheflächen einen 2 bis 3 m breiten Grünstreifen durch öfteres Mulchen kurz halten. Dieser Arbeitsvorgang soll am frühen Morgen erfolgen.
- Überlegte Bewässerungstechnik, immer morgens und nicht abends bewässern.
- Randstreifenbekämpfung, entlang der Tunnelränder (innen). Entlang der Tunnelränder ist das Erdmaterial meist feucht, die Schnecken suchen dort gerne Unterschlupf. Der Einsatz von Köderpräparaten ist sinnvoll.
- Im Tunnelrandbereich ist das Auslegen alter Bretter etc. als Unterschlupf für die Schnecken sinnvoll, tägliche Kontrolle ist erforderlich.
- Feldgemüse (z. B. Salat, Kürbisgewächse), welches an Grünland grenzt, ist stark gefährdet. Hier bewährt sich insbesondere das Anlegen eines Sperrgürtels aus Kohlensaurem Kalk oder *Sluxx hp*.
- Laufenten oder Hühner, die sehr emsig nach Nacktschnecken suchen, in der pflanzfreien Phase in den Folientunnel hineinlassen.
- Werden Giftköder eingesetzt, sollte damit zeitig im Frühjahr begonnen werden. Meist genügt ein Auslegen im Randbereich des Tunnels, besonders bei den Gemeinen Wegschnecken.

Bei Gemüse kann eine Behandlung mit Eisen-III-Phosphat-Produkten kurz nach dem Auflaufen der Saat oder der Pflanzung von Setzlingen erforderlich sein, wenn die Flächen schneckengefährdet sind. Im Ökotest erzielten die Mittel einen sehr guten Wert.

RANDSTREIFENBEKÄMPFUNG

Die Randstreifenbekämpfung hat besonders im Freilandgemüsebau ihre Berechtigung, vor allem wenn die Gemüseflächen an mangelhaft gepflegte Wiesen- oder Böschungsgrundstücke grenzen. Deshalb angrenzende Flächen wie Feldraine, Böschungen und Grabenränder regelmäßig mähen und das Schnittgut wegtransportieren; nicht liegen lassen!

KALKDÜNGER

Eine Ausbringung von Kohlensaurem Kalk auf die bestellten Flächen kann empfohlen werden. Näheres entnehmen Sie bitte dem Abschnitt „Allgemeine Hinweise zu verschiedenen Hilfsmitteln".

KUPFERSULFAT

Kupfersulfat wird vorwiegend in flüssiger Form eingesetzt. Dieses Mittel soll – um Verätzungen an den Kulturen zu verhindern – nicht auf die Pflanzen gespritzt werden. Manche Gemüsepflanzen reagieren bei einer Aufnahme von Kupfer über das Blatt mit Wachstumsverzögerungen.
Wird der Einsatz trotzdem auf einer Fläche mit vorhandenen Pflanzenbeständen vorgenommen, muss die Konzentration unbedingt beachtet werden.
Näheres entnehmen Sie bitte dem Abschnitt „Allgemeine Hinweise zu verschiedenen Hilfsmitteln".

Schneckenregulierung auf Großflächen

Solche Schutzkrägen sind nur kleinflächig sinnvoll.

Ein Versteck unter den Pflanzen wird tagsüber gerne angenommen.

Mustergültiges Nützlingshotel mit integriertem Bienenstock

Unter Folien finden Schnecken leicht Unterschlupf.

Erdbeeren sind gefährdet, wenn sich die Früchte von grün auf rot umfärben.

Schnecken lieben Fallobst.

Obst- und Weingärten

In diesen Kulturen wird häufig Mulchwirtschaft betrieben, wodurch der Boden besser vor Austrocknung und Erosion geschützt ist. Die Mulchung wird 6- bis 8-mal im Jahr vorgenommen. Durch das unter der Mulchschicht vorhandene Kleinklima entwickelt sich ein reges Bodenleben, dies ist ein sehr wünschenswerter Zustand.
Auch für die Schnecken sind diese Flächen wegen der ständig vorhandenen Feuchtigkeit ideale Standorte. Durch verrottende und ständig neu nachwachsende Pflanzen ist somit alles vorhanden, was diesen Tieren ein angenehmes Leben bereitet und großen Schutz bietet. Eine starke Zunahme von Gemeinen Wegschnecken ist daher nicht verwunderlich. Man konnte die Tiere auch im Astwerk der Bäume und an den Rebstöcken beobachten.

OBSTGARTEN
Bei Obstkulturen sind negative Einflüsse durch Schnecken kaum bekannt. Hier ist fast ausschließlich Fallobst gefährdet. Die zu Boden gefallenen Obstfrüchte haben meist Verletzungen und beginnen dadurch rasch zu faulen. Auftretende Taubildung in Bodennähe bietet den Schnecken ideale Bedingungen. Bei starkem Schneckenbefall kann sich dies in der Weiterverarbeitung, z. B. zu Saft, negativ auswirken.
Erdbeerpflanzen und Erdbeerfrüchte werden sehr gerne von den Schnecken gefressen. Besonders beliebt sind die reifen Früchte, sie stehen bei den gefräßigen Tieren ganz oben auf der Speisekarte. Für Schäden sind fast ausschließlich Nacktschnecken verantwortlich. Abwehrmöglichkeiten sind z. B. Wanderschranken oder das Ansetzen von Tagetes zwischen Frucht und Ackerland, von wo man die vorhandenen Schnecken entfernen kann. Auf größeren Flächen können Sie eventuell den Einsatz von verschiedenen Eisen-III-Phosphat-Produkten wie z. B. *Sluxx hp* und *Derrex* überlegen.

WEINBAU
Es gab in den letzten Jahren immer wieder Meldungen, in denen über Schleimspuren von Schnecken an Trauben berichtet wurde. Sie fressen die Beere bis auf die Kerne ab. Dass junge Reben von Schnecken abgefressen werden, ist schon länger bekannt. Genannt werden meist die Sorten Riesling, Regent und Müller-Thurgau. Aufgrund der geringen Anzahl an betroffenen Sorten sind für die meisten Weinbauern spezielle Strategien kaum erforderlich.

MULCHEN
Das Mulchen soll in den Zeitpunkt der Hauptaktivität der Wegschnecken gelegt werden, dieser ist vorwiegend abends und frühmorgens. Bei hoher Luftfeuchtigkeit und trüben Lichtverhältnissen können die Schnecken auch tagsüber sehr aktiv sein. Vor dem Mulchvorgang muss daher immer beobachtet und kontrolliert werden! Der Mulchschnitt soll dabei auf 2 bis 4 cm vorgenommen werden. Durch diesen Vorgang wird ein sehr hoher Teil der Tiere mechanisch getötet, da sie sich auf den Pflanzen und nicht in den Verstecken befinden. Wird die Mulchung 2-3-mal im Jahr richtig durchgeführt, wird der Schneckenbesatz extrem verringert.

Die Mulchung, abends oder frühmorgens durchgeführt, hat zudem den Vorteil, dass bei blühenden Pflanzen, wie etwa Löwenzahn, Gänseblümchen und Margeriten, die Nutzinsekten noch nicht so zahlreich anzutreffen sind.

Mulcht man dagegen tagsüber die meist trockenen und in ihrer Blütenpracht stehenden Pflanzen, vernichtet man auch viele Bienen, Marienkäfer und andere Tiere, die gerade emsig ihr Tagwerk verrichten.

NETZEGGE

Nach dem Mulchvorgang im September bzw. Oktober sind bereits viele Eigelege von Schnecken in der bodennahen Mulchschicht vorhanden. Das ist der Zeitpunkt, um mit Hilfe der Netzegge den Mulchfilz aufzureißen. Dadurch werden vorhandene Eier freigelegt, die dann austrocknen und für die Vermehrung keine Bedeutung mehr haben. Auch die Baumscheibe muss auf eventuell vorkommende Schnecken überprüft werden.

ENTEN UND HÜHNER

Der Einsatz von Indischen Laufenten und eventuell Peking-Enten sowie Hühnern ist ebenfalls erfolgversprechend. Für diese Tiere müssen ausreichende Wasserstellen vorhanden sein.

EISEN-III-PHOSPHAT

Wenn notwendig, Eisen-III-Phosphat-Produkte in entsprechender Aufwandsmenge einsetzen. Näheres entnehmen Sie bitte dem Abschnitt „Allgemeine Hinweise zu verschiedenen Hilfsmitteln".

Unter Mulchfilz in Obstanlagen fühlen sich Nacktschnecken oft sehr wohl – dies ist jedoch nicht von Vorteil.

Grünflächen

Auf Grünlandflächen, welche ständig bewirtschaftet werden, treten Schnecken kaum schädigend auf. Auf 3- bis 4-schnittigen Wiesen- oder Kleegrasflächen wirken sich die mehrmals durchgeführten Erntemaßnahmen so aus, dass eine starke Population, bedingt durch die ständig wechselnden Bedingungen für die Tiere, kaum möglich ist.

Gefahr besteht eigentlich nur dann, wenn unbewirtschaftete Wiesen oder Feldraine direkt an Intensivflächen anschließen. Dort ist es unter Umständen möglich, dass im Randbereich die Schnecken am jungen, frischen, saftigen Gras Schäden verursachen.

Auf Weideflächen wurden bisher kaum negative Erfahrungen mit Wegschnecken und Ackerschnecken gemacht. Es fehlen hier die schützenden Unterschlupfmöglichkeiten für diese Tiere.

WICHTIG
- Häufiger Schnitt
- Randbekämpfung vornehmen
- Kein Futter verfaulen lassen
- Bei hofnahen Flächen eventuell Einsatz von Laufenten bzw. Hühnern

Parkflächen

Obwohl die meisten Parkanlagen häufig gemäht werden, können Probleme durch starken Schneckenbesatz entstehen. Es können sowohl Blumenzwiebeln als auch verschiedene Blumen, insbesondere Tagetes, Gladiolen, Dahlien und Iris, stark in Mitleidenschaft gezogen werden.

Dies trifft nicht nur den eifrigen Heimgärtner, sondern auch die Verantwortlichen kommunaler Einrichtungen. Ist doch ein schöner, mit einer gefälligen Blumen- und Heckengestaltung ausgestatteter Kleingarten bzw. Park ein sehr beliebtes „Herzeigestück". Ja, und wer erfreut sich nicht daran?

Die Hauptursache für das vermehrte Auftreten der Schnecken liegt im Vorhandensein von Sträuchern und vielen Bodendeckern. Diese Pflanzengruppen geben eine gute Schutzfunktion für die Weichtiere ab.

Eine Beseitigung dieser Pflanzen ist aber deshalb nicht notwendig. Diese Flächen werden bei fehlenden Niederschlägen ständig künstlich beregnet, um immer in voller Pracht zu stehen. Diese konstante Feuchtigkeit behagt den Mollusken natürlich sehr.

Die richtige Strategie auf Parkflächen ist nicht das Aufbringen von Köderprodukten auf der gesamten Fläche. Die erfolgreiche Methode ist, das Köderpräparat ausschließlich unter Sträucher und Bodendecker zu geben. Das ist außerdem sparsamer und wesentlich nachhaltiger als bei einer breitwürfigen Ausbringung. Diese Stellen dienen tagsüber als Aufenthaltsraum für die Schnecken und von dort beginnen sie je nach Witterung wieder ihre Rundreise.

> **WICHTIG**
> - Rechtzeitiger Mulch- bzw. Schnittzeitpunkt
> - Kupfersulfat verwenden
> - Kalkdünger einsetzen
> - Eisen-III-Phosphat Produkte eventuell anwenden

MULCHEN

Die Flächen sollen in gefährdeten Gebieten vom Mulchschnitt gesäubert werden. Dieser ist, wenn leicht angetrocknet, ein hervorragender Kompost-Rohstoff. Die Mulchung soll, wenn möglich, in die Hauptaktivitätszeit der Schnecken verlegt werden. Dadurch wird bereits eine starke Dezimierung der Schädlinge erreicht.

KUPFERSULFAT

Kupfersulfat sollte in flüssiger Form eingesetzt werden. Auf die entsprechende Konzentration ist zu achten. Wenn die Tiere aktiv sind, kann Kupfersulfat auch auf den kurz geschnittenen Rasen gespritzt werden. Näheres entnehmen Sie bitte dem Abschnitt „Allgemeine Hinweise zu verschiedenen Hilfsmitteln".

KALKDÜNGER

Dieser Dünger kann unter Hecken, Sträuchern und diversen bodendeckenden Pflanzen verteilt werden; eine Verwendung am Rasen ist möglich. Näheres entnehmen Sie bitte dem Abschnitt „Allgemeine Hinweise zu verschiedenen Hilfsmitteln".

Ökoflächen

In den letzten Jahren wurde aus agrarpolitischen Überlegungen die Anlage von Ökoflächen in Österreich stark forciert. Diese Flächen unterliegen einer sehr extensiven Nutzung; das vorhandene Grünland wird 1- bis 2-mal pro Jahr gemäht oder gemulcht.

Da das Mähgut meist auf den Flächen liegen bleibt, entstehen dort in kurzer Zeit teilweise optimale Lebensräume für die verschiedensten Schneckenarten. Diese wandern meist von dort in angrenzende gärtnerisch oder landwirtschaftlich genutzte Flächen und verursachen oft großen Schaden.

Unter Mulchfilz freigelegte Schneckengelege

> **WICHTIG**
> - Mulchung immer zeitig in der Früh oder am späten Nachmittag bzw. abends vornehmen
> - Mulchung in gefährdeten Gebieten öfters pro Jahr durchführen
> - Mulch- bzw. Grasschnitt abräumen und kompostieren
> - Eventuell vorhandenen Mulchfilz mittels Netzegge im Herbst aufreißen (Austrocknen von Eigelegen)
> - Einsatz von Eisen-III-Phosphat-Produkten

Freigelegte Eigelege trocknen sofort aus, wodurch die Vermehrung der Schnecken verhindert wird.

Ist der Schneckenzaun wirklich die einzige Alternative?

Der Schneckenzaun wird wirkungslos, wenn angrenzender Bewuchs überhängt und so den Schnecken als Aufstiegshilfe dient.

Unbewirtschaftete Flächen

Zu den unbewirtschafteten Flächen zählen Straßenböschungen, Bahndämme und verwilderte Wiesengrundstücke. Diese Flächen können ebenfalls die Schneckenvermehrung begünstigen. Es ist daher wichtig, solche Standorte auf Schneckenbesatz besonders zu kontrollieren.

> **WICHTIG**
> - Straßenböschungen in gefährdeten Gebieten in der Hauptaktivitätszeit der Schnecken mulchen.
> - Wird die Böschung nur gemäht, anfallendes Material wegräumen und kompostieren. Dadurch ist die Schutzwirkung für Schnecken geringer.
> - Bahndämme sollen ebenfalls „schneckensicher" bewirtschaftet werden.
> - „Verwildernde" Wiesengrundstücke sollten bei starkem Schneckenbefall öfters gemäht oder gemulcht werden. Das anfallende Erntgut nicht liegen lassen, sondern wegräumen und kompostieren.
> - Einsatz von Kohlensaurem Kalk bzw. Kupfersulfat
> - Einsatz von Eisen-III-Phosphat-Produkten Näheres entnehmen Sie bitte dem Abschnitt
> - „Allgemeine Hinweise zu verschiedenen Hilfsmitteln".

Böschungen sollten bei Schneckenbesatz zum richtigen Zeitpunkt gemulcht werden.

Allgemeine Hinweise zu verschiedenen Hilfsmitteln

Kalkdünger

> Biolandwirte sollen vorher mit der Biokontrollstelle Rücksprache halten.

Schneckenbekämpfung mit Kalk ist ein altes „Hausmittel". Der Kalk hat eine wasserentziehende Wirkung bei Schnecken.
Im Biolandbau sind Kalke wie Branntkalk oder Mischkalk nicht erlaubt! Es gibt aber eine Reihe anderer Kalke, die eingesetzt werden dürfen. Kohlensaurer Kalk, beispielsweise, wird bevorzugt auf Grünland und auf leichten Ackerböden angewendet, da er nicht ätzend und langsam wirkend ist. Kohlensaurer Kalk wird durch Brechen und Vermahlen von Kalkgestein hergestellt. Eine feine Vermahlung sorgt für die gute Wirksamkeit. Chemisch besteht Kohlensaurer Kalk aus Kalziumkarbonat ($CaCO_3$). Das Kalzium stellt ein lebensnotwendiges Nährelement für unsere Pflanzen dar und ist besonders wichtig für die Gesunderhaltung der Böden. Andere nützliche, erlaubte Kalkarten sind Carbokalk, der bei der Reinigung von Rübensaft mit Kalkmilch entsteht, sowie Algen- und Korallenkalk. Gesteinsmehle enthalten ebenfalls Kohlensauren Kalk. Gegen Schnecken haben diese jedoch eher eine bescheidene Wirkung. Wenn Kalkprodukte zur Schneckenabwehr ausgebracht werden, darf man sie nicht einarbeiten, sonst verlieren sie ihre Schutzwirkung.

KOHLENSAURER KALK

Die Ausbringung von Kohlensaurem Kalk hat eine lange Tradition. Eine Option ist, beim Übergang von Grünland- bzw. Böschungsflächen zu schneckengefährdeten Ackerflächen einen 3 m bis 5 m breiten Quarantänestreifen anzulegen. Dieser Streifen soll ständig offen bleiben und wiederholt mit Kalk bestäubt werden. Dadurch kann die Einwanderung von stark befallenen Wiesenflächen, Böschungen, Bachufern usw. verhindert werden.
Kohlensaurer Kalk kann auch auf einen bereits vorhandenen, nicht zu stark entwickelten Pflanzenbestand gegeben werden.

ALGENKALK

Durch Bestäuben der Pflanzen mit Algenkalk wird die Widerstandsfähigkeit gegen Insekten- und Pilzbefall unterstützt. Eine zu starke oder zu häufige Anwendung von Algenkalk kann jedoch die Atmung der Pflanze behindern.

GESTEINSMEHLE

Gesteinsmehle dienen vor allem der Bodenverbesserung und dadurch der Pflanzenstärkung. Sie werden auch zur Vorbeugung gegen Pilzkrankheiten und als Stäubemittel gegen fressende Insekten angewendet.

Kupfersulfat (früher Vitriol)

> Biolandwirte sollen vorher mit der Biokontrollstelle Rücksprache halten.

Unter der Durchführungsverordnung (EU) 2016/673 der Kommission, Amtsblatt 30.04.2016, ist Kupfersulfat gelistet. Kupferverbindungen sind in der Landwirtschaft sowohl als Dünger als auch als Fungizide in Verwendung. Kupfersulfat ist im Handel grob- und feinkristallisiert erhältlich. Die Farbe ist tiefblau. Da Kupfersulfat überwiegend als Kontaktmittel wirkt, soll es immer zur Zeit der stärksten Aktivität der Schnecken ausgebracht werden. Sehr günstig ist der Einsatz an einem warmen, feuchten Abend oder am frühen Morgen. Das Mittel wirkt stark wasserentziehend.

Bei regnerischer Witterung ist ein Einsatz nicht zu empfehlen, da die Wirkung dadurch stark gemindert ist. Es ist zweckmäßig, durch Verwendung von kristallisiertem Kupfersulfat einen geeigneten Sperrgürtel (Außenschutz) anzulegen, um ein Zuwandern der Schnecken zu verhindern. Wird Kupfersulfat in kristallisierter Form ausgebracht, soll der Boden, wenn möglich, keinen Bewuchs aufweisen.

In flüssiger Form ist der Einsatz vor allem auf Wiesen möglich. Es muss jedoch beachtet werden, dass das Gras vor der Ausbringung entsprechend gekürzt wird. Auf Wiesen bringt der Einsatz von kristallisiertem Kupfersulfat sehr wenig Erfolg, da sich die Schnecken durch den vorhandenen Pflanzenwuchs meist genügend schützen können.

Kupfersulfat soll entlang der Zuwanderstrecken in Form einer Streifenbehandlung verwendet werden. Es darf nicht in der Nähe von Fischgewässern ausgebracht werden.

AUSBRINGUNG

Ausbringung in kristallisierter Form

Es genügt die Anlage eines schmalen Streifens, 10 bis 15 cm breit, pro Laufmeter werden nur wenige Gramm des Mittels benötigt. Kupfersulfat sollte nicht zu dicht gestreut werden, da bereits wenige Berührungspunkte die stark wasserentziehende Wirkung auslösen. Feuchtigkeit beeinträchtigt die Beständigkeit oder Haltbarkeit des Mittels kaum.

Bei Verwendung auf grober Unterlage ist es günstig, wenn das Kupfersulfat etwas pulverisiert wird.

Ausbringung in flüssiger Form

Kristallisiertes Kupfersulfat wird in Wasser aufgelöst. Hier ist es zweckmäßig, den zu behandelnden Grünlandstreifen vorher zu mähen und anschließend das Pflanzenmaterial zu entfernen. Das Mittel kann 0,8 bis 1%ig gespritzt werden. Kupfersulfat ist für den biologischen Garten-, Feld-, Obst- und Weinbau anerkannt. Es wird jedoch empfohlen, das Mittel nicht auf Gemüsepflanzen oder Gartensträucher zu spritzen.

> **VORGANGSWEISE**
> Die Spritzungen am besten abends oder morgens durchführen. Es müssen zwei Behandlungen innerhalb von 15 bis 30 Minuten vorgenommen werden.

WICHTIG
Die Schnecken können die den Körper bedeckende Schleimhülle in kurzer Zeit abstreifen, wenn das Mittel an ihnen haften geblieben ist. Wenn die Vitriolkontaktaufnahme in kurzem Zeitabstand erfolgt, ist diese „Häutung" nur einmal möglich.
Die empfohlenen Mittel, wie Kupfersulfat und Kohlensaurer Kalk, erreichen ihre Wirkung dadurch, dass sie die Schnecken zu einer übermäßigen Schleimabsonderung stimulieren. Die Folge ist eine starke Wasserabgabe der Schnecken, die schließlich zum Tod führt. Direkt vergiftet werden sie aber nicht!
Es muss darauf geachtet werden, dass der Pflanzenbestand zum Zeitpunkt der Ausbringung nicht zu dicht ist, da ansonsten die Mittel auf den Blattflächen landen und nicht auf dem Boden, wo sie die Schnecken treffen sollten. Ein Einsatz soll daher immer rechtzeitig erfolgen.

Chemische Bekämpfungsmöglichkeiten
in Hausgärten und landwirtschaftlichen Kulturen

Schneckenbekämpfung mit chemischen Mitteln ist immer nur eine Symptombekämpfung; die eigentlichen Ursachen der Schneckenplage werden damit nicht gelöst.
Die „richtige" Anwendung der im Folgenden genannten chemischen Mittel setzt Kenntnisse über die Wirkung der einzelnen Präparate voraus. Beachten Sie auch unbedingt, dass Ködermittel nie direkt auf Gemüsepflanzen gestreut werden dürfen, da sie dort liegen bleiben können. Für einen erfolgreichen und umweltbewussten „Schnecken-Regulierer" kann es daher nur heißen: Vorsichtig umgehen mit diesen Giften!
Durch den leider oft zu raschen Griff zur Giftkeule hoffen viele, am schnellsten und wirkungsvollsten „Positives" zu erreichen. Es wird dabei aber vergessen, dass dadurch die ökologische Unordnung noch größer wird. Ein Beweis dafür sind die steigenden Schneckenprobleme, obwohl der Verbrauch an Schneckenködern rasant steigt!
Die Wahl des Präparats gegen Schnecken wird im Wesentlichen von drei Kriterien bestimmt. Neben Wirksamkeit der amtlich zugelassenen Wirkstoffe und der Kosten sind die Nebenwirkungen entscheidend. Im Kaufpreis schneiden die alten Schneckenkorn-Handelspräparate (diese sind im Biolandbau jedoch verboten) etwas günstiger ab, verglichen mit den neueren Eisenphosphat-Mitteln. Hinsichtlich der Wirkung auf die Umwelt (z. B. Laufkäfer, Regenwürmer und Igel) schneiden Eisen-III-Phosphat-Produkte am besten ab.

> **WICHTIG**
> Der Grüne Bericht Österreich 2016 weist einen Verbrauch von 21,2 Tonnen Molluskiziden (Schneckenbekämpfungsmitteln) auf. Dies bedeutet eine Wirkstoffmengensteigerung gegenüber 2013 von knapp 60 %! Wir sind daher gefordert, durch entsprechende ökologische Vorkehrungen die wachsende Schneckenpopulation zu entschärfen!

Eisen-III-Phosphat-Produkte

Im Biolandbau zugelassen

Zur Bekämpfung der Acker- und Wegschnecken können Körner auf der Basis von Eisen-III-Phosphat eingesetzt werden. Diese Mittel werden von verschiedenen Firmen angeboten. Derzeit gibt es ca. 19 verschiedene Produkte, deren Wirkstoff das Eisen-III-Phosphat ist. Diese Substanz ist sehr attraktiv für pflanzenschädigende Schnecken. Sie lockt Schnecken an, und schon kurz nach der Köderaufnahme bewirkt sie bei den Weichtieren einen sofortigen Fraßstopp. Dadurch tritt ein Schutz für die Kulturpflanzen ein, obwohl sich die Schnecken noch eine Zeit lang in dem behandelten Gebiet aufhalten.

Eisen-III-Phosphat-Schneckenkorn weist einen völlig neuen Wirkungsmechanismus auf. Er bewirkt, dass sich die Schnecken zum Sterben in Verstecke im Erdboden zurückziehen und dort verenden. Die bekannten Schleimspuren treten nach Anwendung von Schneckenkorn nicht auf.

Eisen-III-Phosphat wirkt auch gegen geschützte Schneckenarten (z. B. Weinbergschnecke). Natürliche Feinde der Schnecken wie Igel, Laufkäfer usw. sind durch die Anwendung von diesen Mitteln nicht gefährdet. Der Wirkstoff wird von den im Boden befindlichen Mikroorganismen in Eisen und Phosphat umgewandelt und weiter als Pflanzennährstoff verwertet. Die Wirkung wird durch Bodenfeuchtigkeit erhöht, daher kommt es zu einem besseren Ergebnis nach Regen oder Gießen.

ALLGEMEIN GÜLTIG FÜR FERRAMOLPRODUKTE

- Kraftvoller Kompaktköder gegen Schnecken
- Gegen Nacktschnecken an allen Gemüse-, Obst- und Zierpflanzen-Arten
- Anwendung durch nicht-berufliche Anwender zulässig
- Extrem regenfest durch innovative Ködertechnologie
- Eisenverbindung als Wirkstoff, wie sie in der Natur vorkommt
- Schonend für Haustiere, Igel und andere Nützlinge
- Nicht bienengefährlich
- Ohne Schleimspuren und sichtbare Schneckenkadaver
- Zugelassen für den ökologischen Landbau gemäß EG-Ökoverordnung
- Keine Wartezeit

Ein Nachteil dieser Köder besteht darin, dass auch die geschützte Weinbergschnecke, die Bänderschnecken und auch die ungefährliche Egelschnecke getroffen werden.

Chemische Bekämpfungsmöglichkeiten

Warum ist Schneckenkorn blau? Weil Vögel angeblich das Blau am wenigsten beachten. Dies trifft jedoch nicht bei allen Produkten vollständig zu. Die einzelnen Ferramol-Produkte haben unterschiedliche Wirkstoffgehalte. Es ist daher unbedingt notwendig, sich vor dem Kauf eingehend zu informieren und auch selbst die Gebrauchsanweisung durchzulesen. Derzeit sind folgende Produkte im Handel:

Verschiedene Eisen-III-Phosphat-Produkte

FERRAMOL
(Wirkstoffgehalt 9,9 g/kg Eisen-III-Phosphat)
Diese Mittel sind grobkörniger und kamen zuerst in den Handel. Mindestaufwandsmenge 5 g/m², entspricht 1 gehäuftem Teelöffel je m². Maximal 4 Anwendungen.

FERRAMOL COMPACT
(Wirkstoffgehalt 19,8 g/kg Eisen-III-Phosphat)
Aufwandsmenge 2,5 g/m², breitflächig ausstreuen.

SLUXX HP
(Wirkstoffgehalt 29,7g/kg Eisen-III-Phosphat)
Herstellung durch Nasspressung. Keine Gewässerabstandsauflagen, gute Wirkung bei niedrigen und hohen Temperaturen. Sehr hohe Regen- und Schimmelfestigkeit, daher lange Wirkungsdauer. Besitzt eine besonders feine Korngröße und hat daher eine hohe Korndichte. Ca. 60 Pellets je m². Großflächig in der Landwirtschaft ausgebracht, werden 7 kg/ha benötigt. Führt zu einer sehr guten Wirkung gegen alle Schneckenarten.
Die Ausbringung von *Sluxx hp* kann sowohl mit Düngerstreuern als auch mit Spezial-Schneckenkornstreuern erfolgen. Die Ausbringmenge beträgt 7 kg/ha; bei geringem Befall ist es möglich, eine Reduzierung auf 5 kg/ha vorzunehmen. Falls die Schnecken von außen zuwandern, braucht man nur einen 2 m bis 3 m breiten Streifen innerhalb der gefährdeten Fläche mit *Sluxx hp* behandeln.

DERREX
(Wirkstoffgehalt 29,7 g/kg Eisen-III-Phosphat)
Ist als Hybridformulierung im Handel. Hat eine feine Korngröße, dadurch ist eine hohe Korndichte gegeben. Ca. 55 Pellets je m². In der Landwirtschaft großflächig eingesetzt, beträgt die Aufwandsmenge 7 kg/ha. **Sluxx hp** und **Derrex** haben eine Zulassung für alle Ackerkulturen sowie für den Gemüse-, Obst- und Weinbau als auch bei Zierpflanzen.
Beachten Sie: Da **Sluxx hp** und **Derrex** derzeit nur im Großgebinde erhältlich sind, ist beim Kauf ein Sachkundenachweis erforderlich.

Haus- und Kleingarten
Seit 26. November 2015 ist für Kleingärtner (Privatanwender) nach EU-Vorgabe (RL 2009/128 EG)

Folgendes zu beachten. Für diese Anwender wird Art und Größe der Verpackung in diesem Bereich auf eine behandelbare Anwendungsfläche von höchstens 500 m² beschränkt. Begründet wird dies damit, weil Privatanwender in der Regel nicht ausreichend „sachkundig" im Umgang mit Pflanzenschutzmitteln sind. Dadurch ist ein Kauf von preisgünstigeren Großpackungen nicht möglich. Sollte jedoch der Kleingärtner über eine entsprechende abgeschlossene landwirtschaftliche Ausbildung verfügen, kann er bei der Behörde einen entsprechenden Sachkundenachweis beantragen, dadurch entfallen die oben genannten Grenzen. Auch die Bestätigung über die erfolgreiche Teilnahme an einem von der Landwirtschaftskammer veranstalteten Ausbildungskurs dient als Nachweis.

Anwendung von Köderpräparaten

Die Anwendung von Köderpräparaten erfolgt am besten nachmittags oder abends. Ist der Schneckenköder am folgenden Morgen restlos aufgenommen, empfiehlt sich eine Nachbehandlung. Auf kleineren Flächen streut man den Köder um die Pflanzen herum auf den Erdboden. Sind größere Flächen vorhanden, werden in der Regel Zentrifugal- bzw. Kleinmengenstreuer eingesetzt; dadurch ist eine gleichmäßige Verteilung der Schneckenkornprodukte gewährleistet.

GEMÜSEBAU
Bei Weißkohl, Rotkohl, Blumenkohl und Spinat im Freiland, wenn Schneckenköder erforderlich, diese gleichmäßig zwischen die Kulturpflanzen streuen.

ACKERBAU
Bei Getreide nach der Saat bis zum Ende der Bestockung gleichmäßig ausstreuen. In Rapskulturen nach der Saat bis zur Rosettenbildung gleichmäßig einsetzen (Beidrillen zum Saatgut ist auch möglich).

ZIERPFLANZEN
Ist ein Einsatz erforderlich, Ködermittel zwischen die Pflanzen streuen (Freiland und unter Glas).

ERDBEERKULTUREN
Wenn ein Einsatz von Schneckenkorn notwendig ist, unbedingt darauf achten, dass dieses gleichmäßig auf den Boden verteilt wird.
Die beste vorbeugende Schutzwirkung gegen Schneckenfraß wird durch eine sorgfältige Bodenpflege und Kulturführung erzielt!

Erdbeerpflanzen

Schneckenjagd mit dem Roboter

Roboter sind stark im Vormarsch; sie rollen über Marswüsten, krabbeln durch Abflussrohre, in Japan werden sie bereits in Krankenhäusern und Altenheimen als Pflege- oder Putzpersonal eingesetzt. Gegen die Nacktschnecken könnten in Zukunft Roboter den Landwirten und Gartenbesitzern beistehen. Englische Wissenschafter haben dazu einen Prototypen namens „Slugbot" entwickelt. Die Funktionstüchtigkeit wird durch einen Antrieb aus Biogas hergestellt. Die gefangenen Schnecken werden zu Biogas vergoren. Mit der dadurch entstehenden Energie wird eine Brennstoffzelle befeuert, die wiederum Strom produziert. Dieser Strom lädt die Roboterbatterie auf und macht sie fit für die Schneckenjagd.

Der Roboter besteht aus einer 45 cm großen Aluminiumbox, die sich auf 4 Rädern fortbewegt, und ist mit einem 1,5 m langen Greifarm mit drei „Fingern" ausgestattet. An diesem befindet sich eine kleine Kamera mit einer Rotlichtdiode. Hindernisse erkennt der Roboter durch ein Ultraschallmessgerät und spezielle Sensoren.

Die Beute wird mittels Infrarot-Sensoren und einer besonderen Erkennungssoftware ausfinding gemacht. Der Roboter strahlt rotes Licht auf den Boden, ein Bildsensor sieht die Schnecken hinter Rotfilter als weißen Fleck. Die Leistung dieses Gerätes soll ca. 10 Schnecken pro Minute betragen. Solch ein Schneckenjäger ist für Ackerflächen, besonders Raps-/Weizenfelder, vorgesehen. Der Slugbot soll hauptsächlich den britischen Landwirten zugutekommen, die laut den Entwicklern rund 38 Millionen Euro jährlich zur Schneckenbekämpfung aufwenden.

Trotz der intensiven Forschung am Slugbot ist es in den letzten zehn Jahren still um diese Bemühungen geworden. Das Forschungsinteresse hat sich geändert. So versucht man nun Roboter mit anderen natürlichen Substanzen zu selbsterhaltenden Systemen zu machen, wie beispielsweise Urin oder das Fermentieren von Fallobst (E-Mail mit Prof. Owen Holland, Februar 2017). Der Schneckenroboter ist also derzeit noch nicht erhältlich. Vielleicht findet sich ja ein findiger Bastler, der die bisherigen Erfahrungen zur Praxistauglichkeit weiterführt.

Kuriositäten und Erwähnenswertes

In der englischen Grafschaft Norfolk finden bereits seit 25 Jahren alljährlich die „Weltmeisterschaften im Schneckenrennen" statt. Die Rekordzeit lautet für knapp 36 cm Rennstrecke 3 Minuten und 23 Sekunden.

In der baskischen Stadt Valle Trapaga findet jedes Jahr die Schnecken-Meisterschaft im Steineziehen statt. Weltmeister wurde vor einigen Jahren „Herkules", der die 240 Gramm schwere Last 42,5 cm weit zog. Er geriet vor Freude (?) beinahe aus dem Schneckenhäuschen!

1999 wurde das Entenpaar Frieda und Fridolin Gesamtsieger des Ford-Umweltpreises in der Kategorie Naturschutz. Dabei handelt es sich um ein Verleihungssystem (Umweltberatung Waldviertel) von Laufenten für die Schneckenregulierung als Alternative zum Chemieeinsatz.

Die Rote Wegschnecke *(Arion rufus)* wurde früher von den Fuhrleuten als sogenannte „Teerschnecke" zum Schmieren der Radnaben verwendet.

Dass Schneckenschleim sehr erfolgreich gegen Warzen ist, sei auch erwähnt. Man lässt eine Schnecke (günstig = Gemeine Wegschnecke) am Abend über die vorhandenen Warzen kriechen, dabei gibt das Tier Schleim ab. Die so behandelten Warzen werden erst am Morgen wieder gewaschen. Eine andere Möglichkeit: Tiere über eine glatte Unterlage gleiten lassen, der dort produzierte Schleim kann über die Warzen gestrichen werden. Nach einigen Tagen ist bereits das Kleinerwerden der Warzen festzustellen. Dies soll 5- bis 10-mal wiederholt werden. Die lästigen Warzen werden immer kleiner, bis sie endgültig verschwinden. Es ist dies eine alte Heilmethode, die neu bestätigt wurde. So hat die Feststellung „Oh, du lieber kleiner Schneck" doch ihre Berechtigung.

Unter günstigen Voraussetzungen kann eine Ackerschnecke pro Jahr über 10.000 (!) Nachkommen hervorbringen.

Die Schnecken sind ein Paradebeispiel für nützliche Konsumenten. Jüngste Untersuchungen haben zu Tage gebracht, dass die im israelischen Negev-Hochland vorhandenen Büsche ihre Existenz nur den dort lebenden Schnecken verdanken. Die Schnecken entledigen sich nachts unter Steinen ihrer Verdauungsprodukte, kriechen wieder auf die Steine und fressen tagsüber Flechten und Kalkstein. Durch die abgelagerten Exkremente sind genügend Nährstoffe vorhanden, um Büsche gedeihen zu lassen.

Der sogenannte „Schneckensirup" wird bei Geschwüren, Magengeschwüren und Lungenleiden sehr erfolgreich eingesetzt. Der Grundstoff dafür: Gemeine Wegschnecken! Es gibt also doch keine nutzlosen Tiere.

Faltenfrei durch Schneckenschleim! Kein anderer Schleim soll so gut sein für faltige, schuppige und verunreinigte Haut wie dieser. In den Schönheitssalons in Thailand und Japan lässt man Schnecken dafür einige Minuten über die Gesichtshaut gleiten (Kostenpunkt ca. 80 bis 180 Euro pro Behandlung). Es gibt bereits Schneckenschleim-Cremes zu kaufen.

Solche Behandlungen dürften allerdings gar nicht so neu sein wie angenommen. Angeblich hat bereits Hippokrates (berühmtester Arzt des Altertums) eine Mischung aus saurer Milch und zerquetschten Schnecken gegen Hautentzündungen empfohlen und damit auch viel Erfolg gehabt.

Erste schriftliche Hinweise zur Bekämpfung von Schnecken stammen bereits aus dem Jahre 1349. Hier wurden schon Methoden zur Abwehr wie z. B. Kalk, Sägemehl, Holzhäcksel und Sand erwähnt.

In Haibach ob der Donau befindet sich im Ortsteil Inzell die Severin-Kapelle. Nach mündlicher Überlieferung wurde diese Kapelle 1787 erbaut, um Fürbitten des heiligen Severin zu erflehen. Der Grund dafür lag in einer 3 Jahre hindurch anhaltenden Schneckenplage, durch welche die ganze Vegetation kahl gefressen wurde. Die Bevölkerung geriet dadurch in bittere Not.

Schnecken muss man weit werfen, damit sie nicht wieder auf die eigene Fläche zurückkommen. Aber wie weit? Britische Forscher haben herausgefunden, dass man sie mindestens 20 m weit werfen muss! Erst ab dieser Entfernung versagt nämlich der Heimkehrinstinkt der Schnecken, und sie bleiben im Zielgebiet (ÖKOmenischer Gärtnerrundbrief 03/2014).

Die US-amerikanische Universität „University of California Santa Cruz" hat die sogenannte Bananennacktschnecke *(Ariolimax californicus)* zu ihrem inoffiziellen Maskottchen erkoren. Diese in Kalifornien vorkommende Schnecke erinnert mit ihrer gelben Körperfarbe an eine Banane, wovon sich ihr Name ableitet.

Schlusswort

In diesem Buch sind nicht nur die Möglichkeiten einer erfolgreichen Schneckenregulierung im Hausgarten und auf landwirtschaftlichen/gärtnerischen Großflächen aufgezeigt, sondern auch umfassend biologische, chemische und ökologische Maßnahmen in ihrer Verwendung und Wirkung beschrieben.

Es bleibt letzten Endes jedem einzelnen Gärtner und Landwirt selbst überlassen, für welche Regulierungsart er sich entscheidet.

Das Ziel jedes Bewirtschafters sollte im Bestreben liegen, im Einklang mit der Natur zu handeln. Schadensbekämpfung darf nicht vor Naturschutz gestellt werden.

*„In die Nähe gehen schafft Beziehung,
aus dem Kennenlernen wächst die Verbundenheit,
aus der Bindung die Liebe zur Natur, und was
man liebt, das schützt man."*

Konrad Lorenz

Literaturnachweis

Abtei Fulda: *Bio-Gärtnern wie in der Abtei Fulda.* Franckh-Kosmos Verlag, 1995
BOGON, Klaus: *Landschnecken.* Natur Verlag, 1990
BÖTTNER, Johannes: *Gartenbuch für den Anfänger.* Verlag M. & H. Schaper, 1906
BRAUNROTH, Eike: *Heute schon eine Schnecke geküsst?* Verlag Wega e. K., 2007
BURTON, Jane: *Nacht voller Leben.* Verlag Frankh'sche Verlagshandlung, 1986
CRÜGER, Gerd: *Pflanzenschutz im Gemüsebau.* Verlag Ulmer, 1982
EL TITI, Adel, GLATTKOWSKI, Hans, HENZE, Matthias: *Kompendium der Ackerschnecken*, DLG Verlag, 2010
FRANZ, Otto: *Wasser- und Wasserziergeflügel.* Verlagshaus Reutlingen Oertel & Spörer, 1981
GODAN, Dora: *Schadschnecken.* Verlag Ulmer, 1979
GRABER, Claudia und SUTER, Henri: *Schneckenbekämpfung ohne Gift.* Verlag Kosmos, 1999
HEISTINGER, Andrea: *Das große Biogarten-Buch*, Löwenzahn Verlag, 2013
KANABY, Feryal: *Schnecken und Blattläuse sicher bekämpfen.* Augustus Verlag, 1999
KAVIRAJ, Vaikunthanath Das: *Homöopathie für Garten und Landwirtschaft.* Narayana Verlag, 2010
KERNEY, Michael, CAMERON, Robert: *Die Landschnecken Nord- und Mitteleuropas.* Verlag Paul Parey, 1983
KREUTER, Marie-Luise: *Der Biogarten.* blv, 2000
MASSON, Pierre: *Landwirtschaft, Garten- und Weinbau biodynamisch.* AT Verlag, 2013
MAUTE, Christiane: *Homöopathie für Pflanzen.* Narayana Verlag, 2016
SAILER, Susanne: *Pflanzen, die Schnecken mögen oder meiden sowie Abwehrtipps gegen Schnecken*, Eigenverlag, 2004
SCHMID-HENGGELER, Wolfgang: *Biologischer Pflanzenschutz im Garten.* Verlag Eugen Ulmer, 2012
SCHNITZER, Arthur: *Die Schnecken kommen – was tun?* Leopold Stocker Verlag, 1988
SCHNITZER, Arthur: *Gärtnern ohne Gift.* Böhlau Verlag, 2013
STERN, Wilhelm: *Die Weinbergschnecke.* Eigenverlag, 1968
THUN, Maria: *Erfahrungen für den Garten.* Franckh-Kosmos Verlag, 1994
THUN, Maria: *Gärtnern nach dem Mond.* Franckh-Kosmos Verlag, 2009
VON HEYNITZ, Krafft und MERCKENS, Georg: *Der biologische Gartenboden.* Ulmer Verlag, 1994

„Es ist nicht genug, zu wissen, man muss auch anwenden; es ist nicht genug, zu wollen, man muss es auch tun."

Johann Wolfgang von Goethe

Regulierung, chemisch 41, 46f, 93, 98, 101f, 104f, 108, 111ff
Regulierung, mechanisch 41, 46f, 54ff, 86, 88f, 90f, 95, 102, 115
Regulierung, ökologisch 13, 46f, 48ff, 28ff, 41, 43ff, 48ff, 77ff, 85f, 88, 89ff, 94, 97, 102f
Regulierungsplan 47
Rhabarber, Rhabarberblättertee, Rhabarberjauche 37, 61, 66
Rizinusschrot 70
Roboter 115
Roggen 85, 93
Roggenkleie 61
Rote Wegschnecke *(Arion rufus)* 14, 15, 64, 116

S
Saatbeetvorbereitung 51
Salat 21, 28, 33, 36, 37, 40, 68, 67, 85, 98
Schadwirkung 10, 28ff, 93
Schafwolle 70, 71
Schneckenabwehr-Paste 68
Schneckenfalle mit Kupfersulfat 63
Schneckenfraß 23, 28, 32, 36, 65, 92, 95, 96, 114
Schnecken-Granulat 67
Schneckennematode 83
Schneckenschreck 69
Schneckenzaun 41, 55ff, 59, 61, 83, 97, 105
Schnexagon 67
Schnirkelschnecke 25ff
Schutzkrägen 52, 99
Schutzstreifen 55, 63, 69, 88f, 95
Seifenkraut 37
Sluxx HP 92, 98, 101, 113
Sonnenblume 33, 95
Spanische Wegschnecke *(Arion lusitanicus)* 14, 16
Sperrgürtel 54, 55, 63, 65, 88, 89, 97, 98, 110
Spinat 28, 85, 114
Stangenbohne 33

T
Tabak 68, 69, 85
Tannenzapfensud 67
Terrafit 68
Tomate 37
Tomatenjauche 66

U
Umwelteinflüsse 10f
Unbewirtschaftete Fläche 108

V
Veraschung 75
Verdauung 11, 29, 116
Vitriol – siehe Kupfersulfat

W
Wanderschranke 52, 54ff, 101
Wanderschranke, aus natürlichen Materialien 54
Wanderschranke, mechanische 56
Wegschnecke 10, 11, 12, 14ff, 23, 28, 77, 84, 87, 88, 101, 103, 112
Wein 28, 85, 86, 101, 110, 113
Weinbergschnecke *(Helix pomatia)* 10, 12, 23, 25f, 79, 83, 112
Weinrautejauche 67
Weizen 60, 61, 63, 85, 90, 91, 93, 115
Wermut 37
Wermutauszug 66
Wurmfarnauszug 66

Z
Zauneidechse 80, 81
Zierpflanze 28, 48, 112, 113, 114
Zuckerrübe 95
Zwischenfrüchte 85, 94
Zwitter 9, 10

Große Egelschnecke *(Limax maximus)* 12, 20, 23f
Gründüngung 52, 95
Grünfläche 103

H
Hainschnirkelschnecke *(Cepaea nemoralis)* 25, 27
Hanf 71
Hochbeet 59, 67
Holunderblätter 60, 62, 63
Homöopathie 74, 75
Hornkieselpräparat 501 75f
Huhn 79, 97f, 102f
Humus 10, 43, 49, 50, 51, 80, 90

I
Igel 46, 77, 79f, 111, 112

K
Kaffee 69
Kalk 12, 25, 55, 62, 64, 109, 117
Kalkdünger 92, 98, 104, 109
Karotte 28, 33, 85, 96
Kartoffel 28, 60, 63, 85, 95
Kermesbeere 36, 68, 70
Kielnacktschnecke 20
Knoblauch 36, 71, 73
Köderpräparat 98, 114
Kohl 28, 33, 37, 61, 71, 97, 114
Kohlensaurer Kalk 55, 88, 92, 93, 95, 98, 108, 109
Kompost 23, 43, 49f, 51, 64, 80, 104
Kupfer 57, 58, 88, 92, 98
Kupferring 58
Kupfersulfat 55, 63, 92, 98, 104, 108, 110f
Kürbis 28, 33, 35, 85, 96, 98

L
Laubfrosch 82
Laufente 56, 77f, 96, 97, 98, 102, 103, 116
Laufkäfer 49, 77, 79, 80, 91, 111, 112

Lavendel 36, 39, 67
Lavendel-/Schwarze-Johannisbeerenauszug 67
Lavendeldüfte 67
Lebensräume 17, 19, 20, 44, 82, 105
Lebensweise 10, 25
Lebenszyklus 17, 19, 20, 23, 27
Lockfalle 61
Lockschale 61

M
Mais 28, 33, 85, 95
Mischkultur 41, 43, 45, 88
Möhre – siehe Karotte
Moosextrakt 69
Morsche Bretter
Mulchen 49, 50f, 65, 98, 101, 104, 108

N
Nahrungsaufnahme 11, 28
Neem (Niem) 70, 72
Netzegge 41, 102, 105
Nützling 13, 46, 49, 61, 77, 79, 91, 112
Nützlingshotel 41, 99

O
Obstgarten 101
Ökofläche 86, 105
Original Natürliche Schneckenbarriere 69

P
Paarung 10, 17, 20, 22, 23, 25, 80
Parkflächen 103
Pferdebohne 85

R
Randstreifenbekämpfung 95, 98
Raps 21, 85, 90, 91, 92, 94, 95, 114, 115
Regenwurm 43, 48, 79, 87, 111
Regulierung, biologisch 41, 46f, 48ff, 60ff, 65ff, 86f, 74ff, 92f, 95ff, 109ff, 114

Register

A
Abwehrmittel 65, 67, 70, 85
Ackerbau 16, 43, 86, 89, 91, 114
Adlerfarnauszug 66
Algenkalk 52, 55, 109
Anlocken 49, 52, 60ff
Antischnecken-Gel 68
Anzucht der Setzlinge 51f
Atmung 10, 12
Aussaat 51, 54, 83, 92

B
Befallsdichte, kritische 87
Begonienauszug 67
Beinwell 36, 37, 62
Bewässerung 52f, 98
Bier 61
Bierfalle 56, 61f
Blindschleiche 77, 79, 80, 81
Boden 10, 12, 14, 17, 19, 21, 23, 25, 43, 48, 49ff, 58, 65, 66, 67, 70, 75, 83, 86, 88, 89ff, 92, 94f, 96f, 101, 110ff
Bodenbearbeitung 87, 90, 91, 95
Bodenpflege 87, 90, 91, 95
Bohne 28, 33, 37, 71, 85, 90
Braune Wegschnecke *(Arion subfuscus)* 14

C
Cartalit 68

D
Derrex 101, 113f

E
Egelschnecken 20ff
Eiablage 12, 17, 18, 19, 20
Einfarbige Ackerschnecke *(Deroceras agreste)* 20, 22
Eisen-III-Phosphat 41, 93, 98, 101, 102, 104, 105, 108, 112ff
EM 50
Ente 77f, 102, 116
Erbse 28, 33, 71
Erdbeere 28f, 33f, 100
Erdkröte 82
Estragon 33
EU 110, 114

F
Fallobst 100, 111, 115
Feinde 13, 77, 79, 83, 91, 112
Feldgemüse 58, 96, 98
Ferramol 41, 112ff
Ferramol Compact 113
Feuersalamander 82, 83
Flachs 71, 73
Folie 51, 55, 84, 96ff
Fortbewegung 11, 89, 91
Fortpflanzung 10, 25, 87
Futterpflanze 46, 85
Futterrübe 85, 95

G
Gartenschnirkelschnecke *(Cepaea hortensis)* 25, 27
Gartenwegschnecke *(Arion distinctus, Arion hortensis)* 14, 18f, 95
Gemeine Wegschnecke *(Arion vulgaris)* 14ff, 38, 47, 48, 64, 116
Gemüsebau 96ff, 114
Gemüsebau, Freiland 48, 96ff, 98
Gemüsebau, Gewächshaus 96ff
Genetzte Ackerschnecke *(Deroceras reticulatum)* 20ff
Gerste 61, 68, 85, 91
Gesteinsmehl 67, 109
Getreide 21, 28, 29, 55, 85, 90, 93, 114
Gewächshaus 28, 82, 97, 98

Chemische Bekämpfungsmöglichkeiten 127

Schnecken können große Schäden im Hausgarten und auf landwirtschaftlichen Nutzflächen verursachen. Handeln ist angesagt. Alle Maßnahmen zur erfolgreichen Schneckenregulierung müssen dabei im Einklang mit der Natur stehen. Sie dürfen sich nicht gegen das Ökosystem richten. Das vorliegende Buch ist eine unverzichtbare Grundlage dafür.

Der Autor hat jahrzehntelange Erfahrung im Gemüsebau, im Biolandbau und in der Kompostwirtschaft. Die Beschäftigung mit diesen Fachgebieten stellt die Grundlage für das vorliegende Buch dar. Es wendet sich an den ganzheitlich denkenden Haus-/Profigärntner und Landwirt.

Der Schwerpunkt liegt dabei auf der praxisnahen Weitergabe von Erkenntnissen und altbewährten, oft vergessenen Tipps und Tricks. Gleichzeitig werden auch neueste wissenschaftliche Erfahrungen berücksichtigt.

Arthur Schnitzer